山歌海舞

通識講座選粹 I

臺東大學通識教育中心 編

校長序

　　《臺東大學人文系列叢書》由本校通識中心與華語文學系共同策劃、編輯，內容豐富多元。其中彙集臺東本地傳說故事的《逐鹿傳說》、歷年通識講座精采演講內容的《山歌海舞》、本校學生在各項文學獎、徵文比賽中的得獎優秀作品《邊地發聲》、《那景、那師、那後山》等四本。這些師生與在地的互動、對廣闊世界的探索與想像，能落實編撰成系列叢書，展現出本校通識教育與語文教育的具體成果，令人欣喜與感動。

　　大學教育的精神，不僅是各學系專科知識的培養，對人群、自然、社會出自內心的關懷，更是教育最深層的目標。本校學生能在課內、課餘聆聽各領域專家學者的分享，並起而力行，關懷本地文化，以五彩的文筆，描繪生命與生活，開啟與世界對話的窗口，我相信這些聆聽、探索、創作的歷程，必定已為他們年輕的生命植下最為豐沃的厚土。

　　《人文系列叢書》的出版，首先要感謝教育部卓越計畫的獎勵與支持，使本校師生得以揮灑文學的熱情，為臺東大學留下足以藏諸名山的系列著作。而本校行政團隊前副校長陳木金教授、現任副校長梁忠銘教授、前教務長曾世杰教授、前人

文學院院長林文寶教授等傾力合作，促使卓越計畫申請獲得通過；現任教務長范春源教授黽勉從公戮力執行、以及人文學院院長謝元富教授一手策劃叢書的內容與方向，俱為本叢書得以付梓的最大動力。當然，華語系同仁在許秀霞主任的帶領之下，於教學之餘盡心盡力進行撰稿、編輯等事務，辛勤的付出，精神令人感佩，在此一併致上最真誠的謝意。

臺東大學校長　　　　謹識

民國九十八年　暮春

教務長序

　　本校自師範學院轉型成為綜合大學業已三年載，這一千多個日子以來，本校戮力萌芽與發展現代化大學的關鍵，便是人文學院體系的加入，與文化關懷的沈潛與執著。而「人文系列叢書」代表臺東大學拓展校園邁入知本的新努力，是本校教學與學習成果的集錄，是許多通識講座大師智慧結晶，亦為踏出校園反饋地方的起點，它們象徵臺東大學走向博雅通識紮根的新里程，著實無比歡喜、與有榮焉。

　　本校教學與學習中心在蔡典謨校長，以及前教務長曾世杰教授等人之帶領與悉心努力之下，獲得教育部97學年度教學卓越計畫獎助，這套叢書得以圓融順利付梓出版，尤其感謝教育部教學卓越計畫的經費支持，讓東大文化紮根、文藝播種的努力，得以啟航。這筆難能可貴的經費，不僅資助C3.0深化通識教育計畫四本人文叢書教材的編纂，亦對C1.2提升中文能力計畫「新心知本校園文藝命名競賽」與「雙校區校園空間美學徵文」提供金援後盾予以鼓勵，讓校區內外的人文記憶，得以化為永恆文集留跡。讓外界瞭解臺東後山豐厚口傳資產，與駐足扉影的專家人生智慧，及東大青青子衿動人流轉的筆墨，欣見楚楚動人的後山人文靈感銘心刻畫。

　　本套叢書是由通識教育中心主任暨人文學院院長謝元富教授領軍，他是位積極落實理想的行動巨人，由他召集華語文學系文藝尖兵，由系主任許秀霞教授統籌執行，她並且為多元族群的後山鄉野，採擷悸動口語傳說，編制《逐鹿傳說》；董恕明教授主編《山歌海舞》重整通識教育講座吉光片羽，再現精彩生命經驗；落腳後山的學生「砂城文學獎集錄」，為許文獻教授編纂《邊地發聲》的萌發文彩；將新知本的校園注入文藝美感，匯集良師速寫、優良通識課程徵文得獎作品，由簡齊儒教授主編《那景、那師、那後山》，將東大的親切良師，與豐富優質課程，糾結雙校區的麗景文脈，一氣呵成臺東文氣江山。

　　《臺東大學人文系列叢書》此次精彩啟程，尤其感謝蔡典謨校長的鼓舞支持，文學院謝元富院長的孜孜推展，華語文學系四位教授利用課餘時間，戮力承擔起繁忙的教材編纂，其服務熱忱，尤令人感佩。通識教育中心同仁孟昭、怡君、教學與學習中心助理羅崴全力幫忙，秀威出版社編輯經理林世玲小姐與編輯賴敬暉先生、藍志成先生、詹靚秋小姐熱心協助，其認真用心，實為感人。希望透過這套優質人文教材的開拓，讓更多東大的莘莘學子感知文藝的美好，促成教學品質的提升，以致更多讀者知悉臺東大學通識人文精實的成果，把臺東大學教與學的文藝成果扉頁，永續開展，觸角地方，感動寰宇。

臺東大學教務長暨教學與學習中心主任　范春源

通識中心主任序

　　2008年初冬，本中心參酌東華大學、政治大學等校開發「優質通識教材」的經驗，與本校華語文學系許秀霞主任和語文教育所周慶華老師共同規劃《逐鹿傳說》《山歌海舞》、《邊地發聲》、和《那景、那師、那後山》四冊「東大人文系列叢書」，時序進入2009年初夏，這四本書要出版問世了。

　　首先，由華語文學系主任許秀霞老師編著《逐鹿傳說──東臺灣文化地誌》：主要以臺東十六個鄉鎮地方的漢人神話、傳說與故事為採集對象，此書既提供田野訪查的實錄，更能豐富讀者對臺東地方歷史、人文的觀察與想像。由華語文學系董恕明老師主編《山歌海舞─通識教育選粹Ⅰ》一書，則是以「從臺東（在地）出發，面向世界」的概念，進行對歷年通識講座的編選，讀者閱讀此書，有機會認識不同風貌和深度的東臺灣。

　　其次，華語文學系許文獻老師主編《邊地發聲》，是砂城文學獎得獎作品集，此一文學獎迄今已舉辦九屆，旨在鼓勵東大學生透過創作，保持一種生命的熱情、對世界的好奇與社會的關懷之心。再有華語文學系簡齊儒老師主編《那景、那師、那後山》，是將教務處教學與學習中心舉辦之「良師速寫」、

「優良學程」徵文，通識中心主辦「通識徵文」，以及華語文學系辦理「知本新校區空間命名」、「校園空間美學·文藝徵文」之得獎作品集結成冊，從中可一窺本校學生在專業學習與博雅教育方面的具體成果。

總而言之，東大人文系列叢書的出版，一是結合校內外同仁專長，藉著開發優良通識教材，期許能將地方的藝術、文化、環境……等風姿，連結到我們對世界的認識與探索。再一是整合東大學生校內各項徵文活動的得獎作品，為他們青春的彩筆，留下繽紛的見證。

最後，此書能順利出版，除要感謝演講者、文字撰寫者、華語文學系和通識中心同仁的協助，更要謝謝蔡校長典謨和范教務長春源的大力支持，當然還要有秀威出版社編輯經理林世玲小姐、編輯藍志成先生、賴敬暉先生、詹靚秋小姐等人的戮力鞭策，方能讓我們在山歌海舞的東臺灣，共譜這曲智慧的樂章！

臺東大學人文學院院長暨通是教育中心主任

民國九十八年年春末

目次

學海無涯

講 者

林文寶

現　職

國立臺東大學榮譽教授

國立臺東大學兒童文學研究所教授兼人文學院院長退休

學　歷

輔仁大學中文研究所碩士

專　長

兒童文學、俗文學、漢語教學、中國文學

東大與我

一、前言

春風桃李──致阿寶院長榮退

小小小的字，用文火慢慢燻，不老

日往月來春風是寶，是揮汗跋涉成

林，在荒徑，在後山，在三十八載

短褲涼鞋長衫的熱血奔馳中華髮如

雨，如夢，如孩子的眼睛守護群星

（董恕明）

　　先請同學看這幾分鐘的短片，其實等於是回顧了我在東大的歲月。這些日子對我而言，眨眼即逝，你們看到原來老師也有年輕的時候？而我總認為做過的事自己就不要再多說，但我在東大最大的體悟就是，有很多事情，都必須執著和持續，才能有所成就。就如現有的人文學院佔地幅廣，往後其他學院不見得會有此時的建築規模。這一棟綠建築，我們當時在設計之初的種種構想，希望各位同學在這裡學習與生活的時刻，都能

善加利用這樣的空間，將其發展成本校具有藝文特色和生命力的場所。

二、臺東大學的變革

每當我在一個崗位工作，我會著手創辦學刊等藝文性書籍，希望藉此留下足以見證的史料，因此我在語教系時創辦《語文學刊》，兒文所則創辦《兒童文學學刊》。我認為一個學刊的創立，能更突顯此系所的特色，並且見證這個系所走過的歷史。另外，我將學生所創作的故事匯集成一本《鹿鳴溪的故事》，作為我個人在師範體系工作階段的一個休止符。談及兒文所的成立，已歷經二十多年的歷史，其間也花費十多年的籌備，為了讓大眾能更加了解兒童文學研究所這塊領域，每一年都會舉辦研討會，直至今日，兒文所可以說是臺東大學的一項特色。

臺東大學於2003從師範體系改制成綜合大學，我也於當年接任人文學院院長的職務，當時臺東大學最大的任務是讓系所轉型，以往都是師範的體系，改制成綜合大學後以人文學院、理工學院和師範學院為三個主要架構。

在人文學院成立之初，兒童文學研究所可以說是唯一的研究所，之後才陸續新增區域政策研究所和南島文化研究所。並新增了英美語文學系、身心整合與運動休閒產業學系等科系，而原美教系轉型為美術產業學系、音教系轉為音樂學系、語教系轉成華語文學系等。這五年以來的轉型，所歷經的艱辛是

大家難以想像的。隔年，教育部頒布重新整併科系的政策，也就是以市場指向為主的科系體制，選擇科系不只關乎自己的興趣，還要遠觀此科系是否能駐足於市場，是否有利於學生未來進入職場的競爭力。

三、學習型社會

（一）主動學習

現今是學習型的社會，所謂學習指的是對於知識的理解。學生不僅要學習，更重要的是學會如何學習，而非一味地接收教科書上的知識。老師的教導方面也要做些微的調整，必須屏除按表操課的陋習，子曰：「不憤不啟，不悱不發。舉一隅不以三隅反，則不復也。」學生若不會主動學習，那麼，棄之可以矣。

（二）分工合作

在知識的爆炸時代，是個以知識結構為主的社會，加以網際網路的便捷，隨手就可獲得大量的資訊，因此，如何從中撿選有用的資訊，獲得更完整的知識，顯得極為重要。

不妨以女性文學的發展為例，一直以來，這都是研究者所關注議題，但換個角度而言，在這個知識爆炸的時代，女性真的會因為性別的關係而受到較差的待遇嗎？女性大可以她的學識和專業的能力，獲得和男性相當的地位。因此，即使有沙豬主義的男人存在，也是女性所縱容出來的。藉此觀點，我想進

一步引出分工合作的概念，就以搬書、排書為例，男生可以負責搬厚重的書籍，然後再由女生負責編排、發書等等工作。如此一來，人力就達到最佳的利用。

（三）獨立思考

我們常說：「與其給他魚吃，不如給他釣竿。」然而，釣魚的方式不應該只有釣竿而已！正因為每個人所需不同，所採用的方法也因此而各異。若只是這麼做，反而落入俗套，無法培養學生獨立思考的能力。要擺脫制式性的學習，主動學習週邊的相關知識，才能讓知識的獲得更有系統。

四、能力培養

在就學期間，我們所要學習的不單專指學業，還要培養一些基本能力，才能讓自己更具競爭力，能於眾人中脫穎而出。

（一）專業知識

必須具有本科系的專業能力，意謂「你不只要懂，而且還要精通！」因此，各學院應擬訂出四至五門基本核心課程，使本科系的學生獲得足夠的專業知識。

（二）基礎的技能

在e世化的年代，諳知電腦相關技能是基本的能力。有些公司會要求一定程度的電腦能力，像是文書處理、表格製作、

美工、fresh、網站架構等作為錄取的優先考量，如果能精通某幾樣技能，更有拔得頭籌的機會。

（三）人際關係的培養

學生時期，並非只有讀書才是第一要務，人際關係的養成非常重要，和班上的同學相處融洽，廣於結交朋友，不但能豐富大學的生活，也同時學習如何處理人與人之間的摩擦和不快。擁有良善的人際關係，有助於在將來職場生涯上，與同事、上司之間的相處。

（四）周邊知識

求學期間適時選修學程等相關課程，以增加周邊的知識。學習是跨學科、跨領域，具有多方面的才能，會讓自己生活更具樂趣。我們所關注的，是學科背後的人文涵養，不論是欣賞一幅畫作，或者看一部電影，都可能激發我們更多的創意和才思，這樣的學習才會帶給自己更大的樂趣和動力，如果學習是一件令人快樂的事，那麼何樂而不為？

五、生活品質

學會生活，也是件相當重要的事。不要過於仰賴網路，這些文明的3C產品，有時仍不免讓我們的生活變得狹隘。想想那種隨處都能上網的生活，無形間讓我們缺乏休閒的緩衝，而我們真的渴求電腦到這種地步嗎？為了不使我們的生活讓這些先

進的產物所綑綁，我們應該多閱讀、懂得塑造個人風格並學會休閒。

（一）多閱讀

這是一個創意的時代，唯有透過大量的閱讀，才能跟上時代的腳步。透過閱讀，可以啟發創意、擴展視野；閱讀，也可以改善氣質，陶冶心性。縱使網路訂書相當便捷，但不妨到書局走一趟，用手感受書的質感，用心體會這本書所帶給你的感動。

（二）塑造個人風格

每個人要塑造自己的風格。從個人行事作風到服裝打扮上，都應有自己的主張和見解。我深信：「好的東西要自己主動爭取。」有時候不要過於保守或矜持，而讓眼前的機會流失。

（三）注重休閒

人生與自己獨處的時間佔了絕大多數，在這段時間如果能好好放鬆自己，享受悠閒的步調，可以讓生活更加充滿活力。試著讓生活重現童年，而所謂的童年無關乎年齡，完全是一種心境上的轉變。如在衣著方面，穿著棉的衣服，還有盡量赤腳，或穿涼鞋、拖鞋，多看卡通並養成運動的習慣……等，總之，學會善用時間，並盡量讓自己放輕鬆！

六、小結

你們一定要學會看卡通影片，一定要學會看故事書，那是一種隨時保有赤子之心的能量來源，如果你將它們丟至一旁，那麼，青春歲月同樣也離你遠去。此外，身邊一定要帶些小零食、糖果餅乾之類，或許你會遇到需要它的人。

雖然只是一些小零食，但在適當的時機，的確具有撫慰人心的功效。我們不一定要當偉大的人，畢竟偉大的人真的付出太多，其實，當個平凡的人，也能擁有平凡的幸福。

（文字整理：蔡佳津）

【講 者】
陳木金

現　　職

國立政治大學師資培育中心教授

學　　歷

國立政治大學教育研究所博士
國立政治大學教育研究所碩士
國立臺灣師大教育系學士
省立臺東師專國校師資科音樂組畢業

專　　長

校長學專題研究、教育領導研究、學校行政、教育概論、班級經營

時鐘與羅盤

一、母校東師（東大）對我的影響

如果有人問我，東師（東大）對我人生最大的影響與改變是什麼？我會很誠懇的跟他說，在東師（東大）唸書的這段時間，改變了我的一生。為什麼這麼講？記得初到臺東時，是民國六十六年。當時是學校大概是在十月開學，而我在之前從沒來過臺東。我的出生地是屏東東港，其實離臺東很近，但當我到了臺東，到學校一看，覺得這裡景色真美，像從學校的正門望出去，就是太平洋，當看到整個太平洋就在眼前，自然生出一種遠大的胸襟。太平洋給我的啟發，便是想要到世界各地去走走。而學校背後中央山脈幾座大山，就如同東師（東大）最大的靠山，讓我們有安定的心，樂於學習！

在東師（東大）學習的日子，每天就是看山、看海。在專業的學習上，則可以練就幾件事，第一個啟發是對生命的期許。第二個因為學習的環境靠著山，我們很嚮往山的雄偉，同時又有很扎實的基礎。在當時，我們的學習，每一科目都很認真。在學習方面主要分做幾個階段：

　　第一是基本知識（或基本能力）的訓練。在東師（東大）的訓練，因為時間較多，且在山海相伴的風聲濤聲之間，就比較能專心念書。看到每個有興趣的主題，學著把基本的核心知識研究清楚，之後經過不斷的努力練習。

　　第二是密切的師生互動。因為臺東來往各地同樣不方便，所以東師（東大）老師在校的時間也很長，跟學生的互動非常好。學生有問題請教老師，有些是老師的專長他們熱忱解惑；有些不是他們的專長，他們會因此為學生去吸取新知。原來師生之間在知識的探討，或人生方向的討論，可以這麼密切。

　　第三是探索未知的世界。東師（東大）完成學業後，很可能會到世界各地去發展，也因為在臺東，所以對未知事物的認識，常有機會接觸到許多從來沒有經歷過的人、事、物，例如臺東多元的族群、文化和語言……。不同的原住民族，有自己的語言，剛開始接觸時很陌生，卻也正是這種從陌生到熟悉的交往過程中，使我們更容易去接受生活中這類陌生感。這尤其對我爾後到各地工作，有很大的啟發。因為每到一個陌生的地方，這種多元互動學習的經驗，常能使我從容面對各種挑戰。

　　總之，在東師（東大）就學的這段時間，從很扎實的基本能力訓練，到師生問學之間密切的互動，以及對未知世界充滿探索認識與實踐的勇氣，這三點，應是我在東師求學給我最大的啟示。而人生之中，很難得在東師（東大）學習，在這山海相戀的地方，回想在宿舍醒來，張開眼睛就會看到太平洋，感覺到胸襟的開闊，同時會想海洋的另一端，那個世界的人在做什麼？當下心中會生起到世界走走的盼望。有這樣很美好的經

驗，在這段學習的日子，在人生裏真的非常難得。特別是當我們年輕時，就有過一段這樣的歲月，將來走在人生的道路上，面對很多事，有再大的困難和挑戰，便都會勇敢去面對！

二、離開與重回臺東後的學習與工作

我在民國六十六年到東師（東大）唸書，七十一年畢業，之後順著分發，擔任小學老師。在東師（東大）學習，跟老師互動時，我們發現，原來老師也會從他的已知世界裡發現他的未知。這種求知慾，無形中影響著我繼續在專業領域深造的意願。因為我們念的是專科，我就再去念師大教育系，不過因為我們白天要教書，所以只能念師大教育系夜間部，這樣能縮短等待進修的時間，否則念日間部，就要等五年服務期滿之後。我當時在桃園縣工作，從桃園到臺北再到師大，雖然有一段距離，但因為曾在臺東待過，我們知道從一地到另一地，大都相距好幾十公里，所以從桃園到臺北這段路，不但不覺得遠，反而感覺一下就到了。

在臺東求學，因為經常運動，臺東的空氣、陽光、水又非常好，所以身體很好，我除了擁有專業基本能力訓練外，再加上那種強烈的求知慾，想去追求探索未知的世界，當我讀師大教育系時，將東師（東大）所學活用其中，便覺得學習本身可以很輕鬆。那段在師大教育系學習的日子，雖是工作與進修並進，但工作做得很穩定，進修也讀的很有興趣，所以兩邊都能兼顧，這都要感謝東師（東大）的培育。

大學畢業後，我曾考慮還要不要再繼續唸書，我大約思考了一到兩年，決定先專心工作，但內心還是喜歡念書。七十七年從師大教育系畢業後，我有兩年的時間在摸索，主要是我當時思考到自己的第一專長，跟後來專長的關連。在東師時，我的主修在音樂組，帶樂團和合唱團是我的專長，另外，我最有興趣的項目是電子音樂。師大畢業後那兩年，我都在研究有關電子音樂和電腦音樂等相關課題，並且始終都樂在念書與學習。所以當時我太太就問我：「你這麼喜歡念書，為什麼不去考研究所？」這一問，提醒我認真準備教育類科碩士班，因為有之前東師（東大）及師大教育系的學習和累積，順利考上政大教育研究所碩士班。又因為同學提醒：「你要考研究所，應該同時考高考。」我就在研究所考完後也報考了當年度的高考，同一年我考上研究所，也通過教育行政高等考試。我想這都要很感謝在東師（東大）的學習，讓我在學習的過程裡，只要想出發的時候都是能量滿行囊。

　　八十年進政大唸書，念碩士班的我也很認真，兩年後取得碩士學位。畢業後留任政大服務，擔任文理學院的院長秘書。我一方面處理學院行政工作，一方面要準備相關的教學授課，生活相當充實。在政大擔任院長秘書一職，我也特別感受到東師（東大）學生的特質，即是：誠誠懇懇的做事，實實在在的做人。我的踏實努力積極任事，讓當時的長官同事師生們都看到了，他們鼓勵我再去攻讀博士學位。於是我在那段時間，頂著忙碌的行政工作與教學授課繼續攻讀政大博士班取得博士學位，之後因長官的工作異動並跟著長官轉任教務長而擔任政大

教務處秘書，襄助教務長處理政大教務工作推動，學習如何經營大學的教務工作，當長官的教務長任期屆滿卸任後，我想，是不是要換個環境，人生的下一步該做什麼貢獻社會？

回想我對於音樂，也就是我的第一專長，還是很有興趣。當時趕上臺灣各大學院校紛紛成立教育學程中心，臺灣藝術大學希望找到有藝術專業背景的人，去籌辦設置教育學程，所以我就因緣際會去了臺灣藝術大學，之後擔任教育學程中心的主任。幾年後，臺灣藝大行政改組，我從教育學程中心主任轉任學務長。到了第四年，政大教育系也由於師資培育法的改變，也要成立教育學程中心，希望我再回校幫忙籌辦政大的教育學程中心，於是我又再回到了政大工作。

在臺灣藝大任職時，臺灣藝大教育學程中心，是全國教育學程評鑑的優等，教育實習評鑑是特優，算是績效很好的單位。後來我回到政大擔任學程中心的主任，除了上課，主要就是統籌學程中心的各項業務。政大教育學程中心人員編制頗大，記得第一年光是參與實習的人員，就有八百多人，也就是要負責處理十幾班的實習業務，其中包括國小學程一班，中等教育三班，教育系兩班，以及夜間班、週末班和暑期班，教師的需求量確實非常大。我在教育系，一方面是學習，一方面即是處理學程中心各項行政事務，到了那季的政大教育學程中心接受教育部評鑑；評鑑考核已從特優、優等方式，改成第一等、第二等，而政大教育學程中心是名列當年度全國教育學程中心第一等的幾所學校之一。

　　政大服務期間，我同時兼任師資培育中心和教研中心兩個單位的主任，負責TSSCI政大教育與心理研究期刊的主編工作。任期滿了以後，我的母校東師（東大），希望我回來協助母校，擔任師範學院的院長，卻在我準備接任院長的同時，又逢政大行政改組，政大校長希望我留下來任政大總務長一職，在總務長任內，主要是推動政大大學城計畫，成立一個健康與品味兼具的大學城推動計畫，從校園環境，建築更新，生活機能多層面考量學習教學與生活，將學校建築物的改建、重建與新建工程告一段落。直到今年（2008）八月，我回到母校任副校長。回想我不管是在求學或工作上，都要非常感謝東師（東大）給我的養成和臺東這塊土地。我常問自己一件事，什麼叫做不忘初衷？我想是因為在臺東學習的經驗，無形中讓人有一種趨向完善的想法，亦即我最希望由於我的努力，能讓這個世界會變得更美好。這種想法和角度，都是在臺東的學習與生活促成的，這更讓我之後的學習或歷練，都是一種增長。

　　當然，每個工作，都有每個工作的特質和特性。我從學術主管轉成行政主管，共有兩次經驗，一次是在臺藝大擔任學務長，後來是在政大擔任總務長；以總務長的執掌來說，他的工作特性和複雜度相當高，在接受任命時，我仍是用東師教導我的方法，第一就是認清每個工作的基本核心面以及核心技術面。學習掌握基本核心能力的方法，就是把每個工作的環節都認識清楚。以總務處為例，這個單位最困難的部分就是營繕工程，然後是事務採購、文書、出納，再之後是環境的保護。另外一個是屬於處室本身日常事務的調度和管理。我在擔任政大

總務長期間，校長希望我提一個針對全校建設發展的看法，關於全校建設發展的部分，我認為一定要有一個slogan或者是像這樣的一個角度，如我在推動政大的建設工程時，就稱它作「一二五九十」，意思是指一座山，兩條河，五座橋，九個學院，十個景點的發展與建設。

政大的校園，每天大概有兩萬人進出，當我從「一二五九十」出發設想，再加上往來其間的兩萬個人，學校整體在教學、研究、學習、生活機能等各方面的運作，其實就是一個大學城。掌握了「大學城」的整體核心之後，即可著手進行各階段的任務，而這種提綱挈領循序漸進的處事之法，仰賴的也是我在臺東學習的經驗。比如我談到在臺東唸書生活時，遇到不會的問題，有一些是屬於非常困難的，有一些是只要努力，馬上就會的，有一些是要花時間學的，而有些是只要接觸就會的，我把它轉換運用在工作上，將我所要處理的工作，分成四種層級就是即時績效，近期績效，中期績效和長期績效。

所謂創造即時成效，這就是你只要一接觸，馬上就會變好的；短期績效就是只要花時間，就會有成效的；第三種就是近期成效，它雖然有點困難，我需要一些學者和專家的參與，就像所有的建築規劃案，或建築整修案。我在政大總務長任內，更新過很多建築物，我稱它是該換膚的換膚，該拉皮的拉皮，該換器官的換器官。如今很多人到政大，發現政大這幾年下來怎麼煥然一新。關於建築的事我雖然非專業，但是只要用心學習，尊重各個專業的意見，經由一定程度的努力，成效就出來了；第四個部份是長期績效，這類事就如同這裡是塊空地，要

蓋建築物，就要按照必備的標準步驟，一步一步從需求面和理想面去規劃它。這棟從無到有的建築，從開始規劃，爭取經費，到建設完成，一般大概需要花費三到四年以上的時間。

統整自己在政大、臺藝大、東大工作的過程裡，有許多工作的能量和知識，我覺得東師（東大）學習的歲月對我的影響簡直無處不在。例如臺東很漂亮，但是早起光看海就太可惜了，所以我會從校園跑到海邊去看海，這樣就養成了早上慢跑的習慣。我沿著海邊跑，也不知道跑了多少公里，即使現在隔了三十幾年，體力也特別好。一樣的精神放在工作上，就是不怕困難。而只要接個工作，就會進行六個步驟分析：第一是現況分析，知道現在的狀況是如何。第二是找出問題，問題探討。第三是解決策略，即是要用什麼策略來面對這些問題。第四是配套措施，也就是當解決策略擬定後，要將它落實成即時、近期、中期和長期績效，這就發展出一系列的配套措施。第五是所需資源，我需要那些資源，決定其優先順序。六是預期成效，預期成效如果越高，我立即處理。能用這樣的方式去擬定工作計畫，也是三十幾年前在東師（東大）學習的經驗。有這段每天與山海相戀，難忘的學習歲月，真的是很棒。

三、對臺東大學師生的期許

今天是我回到母校工作的第111天，我記得那麼清楚，是因為我每天有寫日記的習慣，而這個習慣也是在臺東養成的。回來後，我每天都在觀察我們的學生，時間分別從早上五點

多、六點多、七點多、八點多,以及中午和晚上,觀察他們都在做些什麼事。看起來現在學生學習的型態,跟我們以前不太一樣。我們以前很單純,五點多起床,就看到全校每個角落,都有人在運動鍛鍊與學習。再來是集合,集合完了以後,就做些共同的活動。早上大家多半做自己喜歡的事,有的人去彈鋼琴,有的人去吹樂器,有人就唸書。上課時間到了再進教室上課。

在臺東,同學感情特別好,其中有兩件事情對我們影響很大:一是住宿學習,因為當時我們都住校,所以是:learning together is living together,學習在一起,就是生活在一起。同學間有很多的互動,我們談志向,討論事情,經過了三十幾年,都是在那種學習氛圍底下,變成很好的朋友。後來很多人也都按照自己的理想,去實現他當初的生涯規劃。第二件事就是團膳,大家一起用餐。吃飯是件很重要的事,吃飯時,大家天南地北話家常,或者是交換學習心得。在這樣的學習歷程裡,我深刻的感受到,「住宿和吃飯」對一個在臺東學習的外地人,有很大的幫助。因為到臺東來,我不用擔心伙食和住宿的問題,能把食宿安定下來,接下來就是學習生活怎麼樣安排。我看現在學生的食宿,只有少部分比較安定,其他同學在這方面的需求,學校目前可能無法全面照顧到。我認為將來,尤其是到知本校區以後,可以積極思考學生食宿方面的安排。

我有機會走訪世界上很多國家,看到很多頂尖大學對學生的食宿問題都非常重視,比如一月時我去波士頓大學、哈佛大學、普林斯頓大學,其中普林斯頓大學和哈佛大學,是專程去

參訪他們的住宿學習和團膳。他們的住宿學習與團膳室結合在一起的，也就是住宿的人他買團膳卷時，學校就有足夠的能量，去辦比較好的餐廳。一旦把餐廳辦好，學生的飲食、衛生、安全和營養就無虞了。而這些學校的學習生活，安排的極好，例如普林斯頓、波士頓和哈佛的圖書館非常好，學生除了上課，大多就在圖書館。當然還有運動休閒設施，以哈佛為例，學校跟MIT連在一起，又與查理士河連成一氣，周邊形成一個很好的活動空間。而目前我們學校的學生，他擁有的這些學習的元素與條件，是片斷的，意即他的住宿和用餐都無法和學習相結合，同時他的生活也很難和學習連在一起，這就是學校要努力的方向。

現在的學生到臺東大學就讀，和我三十幾年前在臺東讀書時看到的優點，有些條件還是存在的，一是臺東仍是一個比較區域型的社區，你若想要學習，只要用心努力，那些核心知識和技術一樣可以培養的非常好，學習最重要的就是要有自學的動力，學習靠自己去豐富個人核心的能力；二是在現在的臺東大學，仍保有過去師生互動良好的傳統，學生在學習當中如果遇到什麼問題，可以跟老師多請教；三是圖書館的藏書在三十幾年前藏書量很有限，如今已達四十萬冊。我經過詳細的研究後，確認本校的圖書館應是臺東地區藏書量最多的圖書館，尤其是原文書，有些在臺北其他的大學還不一定有館藏。所以只要學生自動自發，學校提供足夠的資源，我覺得在這個山海相戀間的臺東大學學習遊歷，知道自己的志向，找到對的方向，努力就會產生價值。這特別是對大多數是從外地來的東大學生

而言，能在此度過一段青春歲月的人生，應會對一己未來的發展大有幫助。

在東師（東大）學習的經驗，對我個人的影響甚鉅，如今我會建議學生四件事：第一件是任何一個科系，都有學有專長的老師，學生可以從老師的專業，學習去建構自己最專長和最想學習的核心能力；第二件事是多跟老師和同學保持密切的分享和互動，因為即使過了二十、三十年，我們都會是彼此很重要的支持能量；第三件是面對瞬息萬變的未來世界，都要勇敢去面對，所以隨時要保持一個敏銳的心與行動力，去汲取新知增廣見聞，尤其多到圖書館去翻翻書、看看書，多到臺東各地去走一走，這些都能增進自己面對未知世界的能力；第四件是要把自己的身體鍛鍊好，臺東的好山好水好陽光，每天面對太平洋，又有靠山，在這裡把身體訓練好，將來都是人生很大的能量。

根據我返校服務這111天來的觀察與分析，對照我以前服務過的政大和臺藝大，加上我在世界各地看過的大學，如美國的哈佛、普林斯頓和波士頓大學；英國的倫敦、牛津、劍橋和愛丁堡大學；澳洲的雪梨大學，日本的東京帝大，以及中國大陸的北京、清華名校，看過以後，感受最深刻的就是我們臺東大學，有一群很認真的老師和工作團隊，在這個區域型的環境，地方和政府都很願意支持學校，所以我們有很重要的一個願景，就是將臺東大學發展成為一個精緻型的綜合大學。

綜觀世界上好大學的優點，我們都有發展的機會，但是考慮學校經營的規模，可能不能太過龐大，所以我們一方面要跟

區域連結，一方面是跟文化結合，再一方面要與產業合作，還有一方面是對核心知識的探討，能將這四方面作有機的融合，相信臺東大學會走出自己的一條路。回想我在民國六十六年來到東師（東大），轉眼已經三十年，當時我們自勉的一句話是校歌歌詞的最後一句「公誠愛嚴，努力自強」，如今想來很有道理，現在我想勉勵同學的話是「走出東大，胸襟遠大」，希望大家在臺東大學此地的學習，都能為生命儲存真實的能量蓄勢待發，幫助自己去開創光明燦爛的未來。

（文字整理：蘇瑩倫）

講 者

蔡介裕

現 職

文藻外語學院通識教育中心主任

學 歷

東海大學哲學研究所博士
東海大學哲學研究所碩士
東海大學哲學系學士

專 長

中國哲學史、理則學、哲學概論、宋明理學、
儒釋道哲學、生命倫理學、華語教學

多元思考與創意養成

一、前言

讓我們從藍色香蕉和藍色蘿蔔談起……

蔡老師，你兒子怎麼把香蕉畫成藍色呢？

我跟他講過香蕉是……

蔡老師，我敢肯定你兒子對藍色有偏好，

我跟他說蘿蔔不是白色就是橘色，他還是畫藍色……

其實，長久以來，我們一直在訓練孩子們要「聽話」、「守規矩」，卻往往因此阻斷了孩子們創造力發展的契機，我們可以跟孩子說香蕉應該是黃色的，不過藍色其實也不錯。對於孩子的想法給予肯定，讓他們從中獲得自信，也許那一天，他真的受到鼓勵從事生物科技而研發出藍色的香蕉，未來，誰知道呢？正如美國學者沉汝里所言：

創意在小孩子就像流鼻涕般常見，但長大後很少看到。

　　創意本身就是天馬行空，任憑想像力自由發揮，可惜這種想法，卻也隨著年紀的增長而漸漸喪失。

二、心智枷鎖與獨立思考

　　曾有位同學e－mail一封信向學校反應：「奇怪？學校的公共電話為什麼不能撥打高雄07的電話？試了2支不同的公用電話都一樣無法撥打，可是用自己的手機卻可以打通，學校應該找人來檢查看看……」

　　大家是否發現其中的弔詭之處？那位學生由於慣用手機，撥出的號碼便很自然地加上區域碼，但在當地使用公共電話，其實只要直接撥號就可以了。我們在生活中不自覺養成的慣性，同時也很容易讓我們看不到自己的盲點。

　　現在，請各位畫出您心目中美人魚的樣子。在我們的觀念中，不難發現，美人魚無非是個下半身有魚尾翼的美人，而不會是那種上半身是魚頭，卻擁有人類雙腳的怪物。這就是我們受既定觀念影響的例子。當我說美人魚被後母茶毒而不能參加王子的舞會，大家也會反駁這是「灰姑娘」而不是「美人魚」的故事。由此可知，童話故事讓我們對於美人魚這名詞產生一定的概念，當習慣往此一方向去思考時，往往就阻斷了創意的開發。就像約翰生（Samuel Johnson）所說：「習慣的鐵鍊都太小，甚至感覺不到，但等到有所感覺時，它們卻又堅固得無法掙脫。」

　　再如各位見過鬼嗎？鬼的長像是什麼？你的腦中是否會浮現一些線索：長髮、白衣、消瘦、女子？如果這些特徵是你對

於鬼的描繪，那就是受傳統中國思想的影響，認為鬼就是個白衣長髮的女鬼。

這些便都是我們的**心智枷鎖，是妨害創意的絆腳石！**教宗若望保祿二世（Pope John Paul）說過：「最恐怖的監獄，其實就是你那顆封閉的心。」心智枷鎖是怎麼產生？主要就是受到思維定勢和功能固著的影響。

（一）思維定勢

就是自我設限，侷限於一定模式與價值取向的思維取向。造成心理死角與認知盲點，無視於與自己想法、信念相違背的事實或論證。用兩隻腳走路的老鼠，我們都知道是米老鼠！那麼，用兩隻腳走路的鴨子，是什麼鴨呢？你是否會很自然地回答唐老鴨呢？但其實所有的鴨子都是用兩隻腳走路的。很顯然我們思考已經受到第一個問題的影響而自我設限，造成思考的盲點。

（二）功能固著

也就是習慣僵化，受制於先前的經驗，固執地認為某類事物只具有某種功能、用途，例如盒子是容器，槌子是用在敲打釘子，輪胎要套在輪子上等等，堅信熟悉的事物只可能有單一的用途。好比小便斗在一般人眼中，就是一個便器，別無其他用途，但藝術家杜象卻大膽的將它化為一種藝術的呈現。同樣的情況，面對月亮，科學家只覺得它是毫無生命現象的冷冰星體，而詩人卻發出「葡萄美酒月光杯……」的吟詠。

三、多元思考與開放心靈

> 每個人都把自身視野限制看成是這個世界的限制。
>
> ——叔本華（Arthur Schopenharuer）

（一）經驗使然

　　您心中的大象長什麼樣子？我們受制於經驗使然，大部分的人對於大象形象的想法，多半為側面的大象或是正面看到兩扇大耳朵的大象，這是我們經常看到的大象，卻也是我們必須避免此僵化與單一思考，嘗試用多重眼界與多元思考的起點。對任何事件的發生，能有多樣性的角度去了解，同時培養分析能力，才能養成多元或多軌，而非單元或單軌的思考方式。

（二）多重眼界

　　想想「真話、假話與謊話有什麼不同」？阿拉伯人說世界的真神是阿拉，天主教徒說世界的真神是天主God，佛門子弟說世界的真神是釋迦牟尼佛。他們所說的不一定是真話，但若他們都堅持自己所說的才是真理，豈不是要引發宗教戰爭。

　　避免各說各話、固執己見，須有溝通接納與開放心靈。努力掃除未經嚴密思考的偏見，並養成開朗的心胸及容納吸收各種不同意見的襟懷，畢竟不同的看法相互激盪，才能迸出智慧的火花。多元與開放的思維可以避免獨斷心態與思想僵化，它是邁向自由化、多元化開放社會的基礎。換言之，如何培養符

合理性且兼具豐富創造力的能力，除了使人類不至於墮入情緒化、僵化、或雜亂無章的思維，更重要的是能夠超越自己週遭環境及自己所受的教育、文化之思想模式，而不盲目的被思想奴隸或受其制約。

多重眼界與開放心靈必須避免感情用事，以情害理，減少偏見與歪曲，這些能幫助我們跨過熟悉和習慣的沼澤，使得思考較富有彈性，有助於開拓思路，不再兩極化，進而作為轉進的跳板，有助於相互共融與彼此接納。

> 總之，獨立思考並不是人云亦云，也不是標新立異，更不是剛愎自用、故步自封。相反的，它是在多樣性、多元化的比較下有所自覺、有意識的自由選擇的一種歷程及行動。
>
> ——懷德海（A.N. Whitehead）

你會發現一直以來束縛自己的舊觀念，扼殺創造力的分子，必須設法從心智枷鎖的強力統治下掙脫出來，才能自我獨立思考。

四、大腦結構與思考模式

> 人腦像個多面向的樂器，能夠同時彈奏無數樂曲。
>
> ——安諾金（Pyotr Anokhin）

大腦是控制我們有意識及無意識的活動的器官，一切的思考和感覺都來自腦部。右腦位於前葉腦，具優越的直覺、想像能力，掌管韻律、節奏、音樂、繪畫、視覺、空間辨別位等和潛意識層有密切關係的機能，以及身體左邊所有的動作，它主管的是藝術創造的能力。左腦位於後葉腦，具優越語言處理能力，掌管語言、邏輯、判斷、分析、理解、組織、寫作等和意識層有密切關係的機能，以及身體右邊所有的動作，它主管的是科學和邏輯方面的能力。

　　大腦思考模式分為垂直跟水平的方式。左腦專司垂直思考，主要是批判性的思考，垂直思考的特質是面對問題，會選擇一個合理角度，運用邏輯，依循固定形式、步驟與程序，推敲、深入，找出答案、提出反駁、反省和批評，使頭腦更加清明，觀點更為犀利。像是在同一個洞裡往更深的地方挖掘，是一步接一步往前推的直線邏輯思考，以逐步推演的方式來辨別方案的對錯，進而解決問題。

　　右腦則是負責水平思考，水平思考的特質是脫離邏輯觀點和限制，把原先不相干的事物聯想連結，輸出可能答案。以不可思議的跳躍方式，探索組合各種不同構想的可能性，創意思考即以此為出發點。樂見許多可能答案，甚至沒有答案。使我們從新的角度觀察事情，看到不同出路，產生新觀念。像是在另外一個地方，設法再挖掘另一個洞，是創意思考的模式。

五、創意的基本要訣

創意包括兩部份：

看到人人都看到的，然後想到沒有人想過的。

——孫國義，美國科學家

有創意的人不需要仰賴別人的創意。

——詹宏志

（一）模仿改良與創新

透過對他人創意的了解，加以重新組合、改良，而產生不同的功能、價值的「新」東西，這就是創意，也就是所謂的創造性模仿。雖說有大部分的創意是改良的、模仿的，但絕非純然的模仿，創造性模仿不是消極的抄襲，創造模仿的目標是創造，而不是仿冒。就像好奇寶寶拆鬧鐘，創意者要經常拆解別人的創意，瞭解別人使用的「零件」，就有可能找到自己的創意。

（二）聯想與連結

把不相干或不同的事物組合在一起。透過組合會使原有的舊元素發生不同的意義，它並不是二者的加總，而是一種再次的創造。

（三）重組與結合

重組是運用舊有的要素，再重新組合為新的排列與結構。結合是把兩個或兩個以上本來不相關的概念加以關聯起來，結果產生了新的組織與結構。像是體重計＋馬桶＝馬桶式體重計，當我們用不同的眼光看舊事物，當想法有了改變，用途也會改變。

（四）重新定義

日常生活中，我們往往會受舊有習慣或先入為主的觀念所左右。習慣是人們最為熟悉、完全不須思考就產生的自動反應，卻也是創意最大的敵人，約束我們思考中的彈性。**試著去反省身旁習以為常的事物，就是創造主意的行動。**

- 創意不一定改變東西，有時只是改變了自己，改變了想法。
- 創意是用不同的眼光看一個舊事物，因為眼光是新的，所以東西就成了新的。
- 創意的來源，有時在不同的解釋。如果解釋是新的，原來舊的東西就變成新的。
- 創意有時候只是「概念的一扭」（a twist of an idea），換了一個瞭解的方式，換了一個運用的方式，這就已經是「新的」創意。

六、結語

發展創造力之前，一定要先認識、並且培養發散式思考的能力。即使如此，我們也不容忽視收斂式思考的重要性，收斂式思考能幫助我們從雜亂無序的發散式想法中理出秩序，並加以評估高下。

我們要保持不斷定義的習慣，不斷重新解釋自己的角色，不斷重新解釋社會的特性，這不但是創意人的思考方法，也是所有不想被社會淘汰的人的必要訓練。

（文字整理：蔡佳津）

講 者

何卓飛

現　職

教育部高等教育司司長

學　歷

淡江大學中國大陸問題研究所碩士

大學競爭力

一、前言

不要認為自己所處的時代經濟不景氣，就對未來悲觀，因為命運是掌握在自己手上。只要你有想法、肯去做，加上創意就可以改變全世界。即使不能改變全世界，你也可以改變自己的世界。只要你願意，你可以改變自己的世界。

「態度決定未來，心動就要行動。」我們必須向上看，看遠一點，才能讓視野更加遼闊。以前總總譬如昨日死，未來總總譬如今日生，心動不如馬上行動，可以改變你的一生。

智力成績不是品論一個人的唯一標準，除了智力以外，每個人都擁有不同的專長和表現。此外，必須了解看世界並非站在目前所在地，未來所面對的是全世界，世界是平的，競爭力是放眼全世界的市場。至於學歷也無法為自己獲得絕對的保障，求學期間真正要追求的是能力的培養，學習的能力，學習運用現有的資源而製造未來如何學習，做為終身學習的準備。因此，唯有持續不斷的學習才能悉知未來的動向和脈絡，逐步建構成功的積累，方可獲得最大的成效。

二、大學生了沒

學生們普遍有主要競爭者來自全世界的認知，但光有這層認知是不足，知道自己該走什麼路才是最重要的。

學校應該提供怎樣的環境，才能讓學生得到進入職場所需要的準備。而學生又該以怎樣的態度學習及吸收強化自我的能力，這才是當下要面對的問題。一方面，不少學生多半沉迷於網路，睡眠不足的情況下，導致上課精神不濟、學習力下降，另一方面則是學生不清楚自己該準備什麼？這些都是學生該負的責任，自己該為自己負責。然而，學校所提供的教育環境，是否對學生有所幫助，這也值得校方和教育部進一步的深思。

不論為學或進入社會工作，態度是相當重要的，態度會影響你對工作的認知和學習的吸收。現在的世界唯一不變的就是變，因此創新能力更顯得非常重要。我們要從不同的角度看世界，讓思維更為宏觀和擴展。此外，要增強挫折的容忍力，才能對現有的環境做突破，向上提升，突破對自我的挑戰。

三、國內大學教育量多質差

（一）學生的英語能力及國際觀極待加強。

（二）批判思考、創造力和邏輯力不佳。

（三）私校生抗壓力，自我了解內省和自我節制能力較差。

（四）公民意識與社會關懷、人文素養和責任感不夠。

（五）上課學習態度，中文書寫和行動力略偏不足。

（六）口語表達、運動體能、人際溝通合作及一般生活知能表現尚可。

四、知己知彼百戰百勝

（一）Strength利用優勢

自己思考自己優於他人的特質，才能充分利用這項強項，增強自己的競爭力。

（二）Weakness改進弱點

認清自己比對手還要差的地方，自我檢討並且改善自己。

（三）Opportunity掌握機會

了解有利於外在環境的機會是什麼，當機會來臨才能把握。

（四）Threat排除威脅

了解外在環境的威脅是什麼？排除週遭環境對自己所造成的威脅性。

因此，知己方可百勝，才能訂出自己未來該走的路，利用自己的優勢，改進自己的弱點，掌握機會，排除威脅，透過這種策略才會自我蛻變。

五、競爭策略

（一）個人方面

1.健康

健康是第一要務，沒有了健康遑論其他成就，健康之於我們就是「１」，有了財富才往後加上「０」，有了事業再加上一個「０」才能達到１００，因此人生沒有健康，就等於全無。

2.創意

創意在現代的市場佔有相當重要的比重，是知識時代的金雞母。運用變化又不盲目迎合顧客的心，產品的價值和銷售量都會提升。

3.差異化

有別人沒有的，買家非找你不可，不輕易為他人所取代。也就是你所販售的東西是獨家的、全世界絕無僅有，因此更加具有獨特性。

4.多角化

比別人多一種語言、多一項能力，身兼一種以上的技能，競爭力自然提升。

5.集中化

當你變成了精，便成為矚目的焦點。如果某一項能力相當優異，自然能為自己創造優勢。

6.品質好，口碑佳

品質好，才能有好的口碑，那麼顧客自然就會找上門。

7.速度

速度要比別人快一步，才能搶得市場的先機。每當有點子或想法萌生時，要想辦法比他人快一步才能搶得獨家，才能覓得先機。

8.態度

態度是職場職能的核心，每個人都是無可救藥的樂觀者，一旦設定目標就認定可以達成，那麼面對任何事情，其實都已經邁進成功殿堂的一大步，是對自己自信心的一種表現。

所謂「練的勇勇、裝的空空、結的憨憨、做的瘋瘋」，做人要要虛懷若谷，才能誘使他人傾囊相授，自己也會吸收更多。要懂得善加利用別人給你工作，這是給自己很好的學習機會。唯有真正投入一件事，願意奉獻時間在那些事情身上，不計一切付出，才會成功。

（二）學校方面

1. 學生的品管與退場

2. 教師的提升與退場

3. 系所的管制與退場

4. 學校的定位與責任

六、建立信心，成功自己創造

我們對自己要有信心，因為成功是由自己創造的。

九十六學年度一般大學生參加國際競賽成績斐然，尤其在藝術、創新、設計類，體育類及生物醫學類，還有理工科等項目都有異常的表現。

只要發揮個人的專長，選定一個目標努力去達成，一定會成就斐然。

七、小結

挑戰創造機會，機會創造成功，成功有賴策略，策略有賴落實，當你在追逐成功時，成功往往都只在一公分的差距，只要有心就能跨越這一公分的差距。我們應該學習日本的精神，所謂日本的精神就是關注到每一個細節，即使是微乎其微的細節，也不放過。因此，進行任何一項計畫時，執行任何事情時，都要多一些想法去關照，關照的地方愈多，也就愈能得到別人的信賴，擁有愈多成功的機會。

（文字整理：蔡佳津）

觀微知著

講 者

童元昭

現　　職

臺灣大學人類學系專任副教授兼系主任

學　　歷

美國南美以美大學人類學博士

專　　長

大洋洲民族誌、文化與權力、文化與認同、經濟人類學

從島嶼看世界：臺灣觀點

一、引言

　　「從島嶼看世界」是一個很大的題目。我今天在這兩個小時之內，想要提供給同學們，接觸到一點點大洋洲或是太平洋島嶼的事情。然後以太平洋的一些島嶼做媒介，讓我們開展我們的視野，可以經由另外一種文化，一種異文化，進而去瞭解人類文化的無限可能。進而反過來看我們自己，提供我們怎樣發展自己的選擇，同時也去觸摸人類的可能性。所以這是一個人類學的典型研究方法，我們叫它做一個「比較的觀點」，從比較的觀點，我們其實更容易認識自己。而我們認識自己不是自戀，我們在認識自己之後，由一個角度從而推到文化上去。

　　我想要說：這題目很大，是上學期末暑假時提出來的，這是個無所不包，非常好的一個題目。後來覺得題目實在太大，一定要找一個副標題，縮小一下。而且我相信，「學習」有一個很好的角度，從自己出發，然後學到任何東西，一定回過來問：這跟我的生命經驗有什麼關聯？所以我們一定要問這跟在臺灣長大的人有什麼關係，從我們的臺灣觀點，我們怎麼從臺

灣看世界，我們怎麼從臺灣看島嶼。或者說我們單純的不談臺灣，那我們先認識大洋洲的島嶼，認識大洋洲的島嶼之後，我們回來看，這跟臺灣有什麼關係，我們臺灣不是也是一個島嶼嗎？

二、「島嶼」的意涵

我這邊講的島嶼，有兩個含意，一個是說我們臺灣是一個島，兩年前我在金門參加「世界島嶼會議」。因為金門是一個島，所以我們希望在金門辦這個會議。臺灣現在強調這個島嶼的身份，脫離中國大陸這一塊，所以我們希望臺灣也能跟世界島嶼發生關聯。可是一般來說，在那個會議裡面，他們所觸及到、所研究的島嶼，比臺灣小得太多，所以對他們而言，臺灣的島嶼經驗是非常特殊的。我舉一個例子來說，臺灣的邦交國之一諾魯。諾魯這個國家的土地面積是21平方公里，另外一個邦交國吐瓦魯，他的土地面積是26平方公里。在臺灣的我們，會覺得臺灣是一個很小的島，其實我們是一個非常大的島。我們說我們是一個島嶼，我們從臺灣島看世界，這是島嶼的一個含意。

另外一個含意是我們經由認識太平洋的島嶼，去接觸臺灣以外的世界。第二個層面的考慮是我們從太平洋的島嶼去認識世界，這就是人類學所強調的，「人類學科」這門學科之所以成立的重要考慮，也就是一個在方法上，提供比較寬廣的視野，在泛人類學和泛文化的比較研究的過程中，可以探索到一

些人類與世界的存在經驗，有人說好像彩虹，可以摸索到人類各種文化的可能性。另外一種是說我們雖然看到文化的特殊性，可是我們仍然可以欣賞、瞭解，彼此可以溝通到一個程度。這就表示我們都有一些共同的基礎，作為生物人或者說近十年來比較重要的一個方向「認知研究」。認知研究會談論到，從一個生命的基礎出發，在文化的教養下，我們有那些共同的部分，又有那些差異的部份？比方說，我們的文化都有一個詞彙來辨別紅色、正紅色，可是在其他的顏色上，可能會有不同程度的強調。對於我們從比較視野，一方面可以體會這種差異性，一方面去感受到這種差異性的背後藏著人類的普同性。

所謂的「臺灣觀點」為什麼要以太平洋島嶼作例子？因為這是我們熟悉的地方，除了這個之外，我們在臺灣生長的人，這幾年為什麼會開始對大洋洲有興趣？那是因為我們關注到南島語族的分布跟擴散，大家也許從報紙上可以熟悉一個說法：「臺灣是南島語族的原鄉」，所以我們就開始有起源跟擴散的一個考慮。我們是原鄉，然後從臺灣這邊擴散到東南亞、菲律賓、馬來西亞、印尼，然後再擴散到大洋洲這些島嶼。所以，臺灣現在非常希望，可以盡力的從不同方向，從東亞開始到儒家文化之外，還有另外一個方向，是跟南島語族的人連結。

另外一個就是，我覺得介紹大洋洲非常重要的理由是，因為我覺得大洋洲有著非常特殊的地理跟歷史經驗，所以藉著大洋洲的歷史，我們從大洋洲今天的面貌可以猜測它是怎麼形成的，可以看出它歷史的多重軌跡，同時我們可以感受到，一個文化周邊，包括文化和社會週遭的開放性跟模糊性。換句話

說，當我們說漢人文化、阿美文化、魯凱文化，我們把這些東西變的比較具體的話，就有僵硬的危險。實際上，我們之間是不斷的採借、不斷的學習。文化的定義，有一個非常重要的條件，就是：我們的文化內涵絕大多數都是靠採借而來的，並不是獨立創造的。當然，也不是說完全沒有，但主要就是靠採借之後有我們自己的創新，可是採借是一個很重要的源頭。所以實際上我們從大洋洲的現況來講，我們比較容易看到自己的現實，我們看別人的時候比較容易有距離，我們沒有利害關係，所以就很容易看出它的特殊，跟它周邊文化界線的模糊性。另外就是也是藉著剛剛我們講的比較的觀點，可以看出個別島嶼和個別文化的特殊性，以及與其他社會文化的互通性。我們其實可以再問另外一個問題，就是有沒有南島文化？因為我剛講的就是說有南島語族的概念，這是從語言學上提供的一個確切的證據，支持這些語言之間的關係。這些語言的關係怎麼反映在文化上，因為語言跟文化有很密切的關係，所以我們南島文化的集體特色是什麼？

　　另外一個介紹太平洋島嶼的理由要回到臺灣。我們要介紹外地，特別介紹大洋洲，因為我們目前有二十五個邦交國，其中有六個在南太平洋，分別是從北往南、從西往東來說，位在帛琉、馬紹爾群島、吉里巴斯、所羅門群島、諾魯跟吐瓦魯，你們有興趣的話應該有拿到地圖，可以慢慢看。那什麼是大洋洲？從地球上一看，它是汪洋一片。你們直接找手上的地圖，然後這個地圖上，最主要在東邊的一個島，通常是被丟出去的就是Easter Island復活節島。因為如果把復活節島畫進去的話，

它的空間佔很大，相對的每個島嶼能夠呈現的就更小，所以你在地圖上會看到很多文字，說這是什麼島卻不一定有圖示，這是大洋洲的地圖在呈現上的一個困難。

三、構成大洋洲的偶然與必然

　　大洋洲是怎麼構成的呢？我們會說既然是汪洋一片，那它是怎麼構成的？我們怎麼界定這是一個洲呢？這邊有幾個在歷史與生活方式上，提供它作為一個單元的條件，大洋洲很多島嶼之間是本來就有聯繫，我們有幾張圖片跟它相關，它有區域性的交換網絡，他們駕著航行能力很強的獨木舟跨島去做交易。而且這個是例行性的，每年都做的事情，不同的地方也會有這個情況。所以，它的島嶼跟我們平常所講的島嶼一樣，不是一個孤立的島嶼，雖然這是我們對島嶼固有的形容詞，可是實際上在這裡連島嶼都不是孤立的。另外如南島語族這些族人，從臺灣東南亞到大洋洲一路的遷移擴散過去，他們的源頭可能都是同一個。我再講比較簡單一點，大洋洲內的另外一批人，他的遷徙是非常清楚的，直到現在，尤其以玻里尼西亞這個地方，它是大洋洲一個很重要、靠東方的地方。玻里尼西亞的語言到現在互通性還是很高，因為它是在非常短時間內散佈出去的。另外，這邊有一個非常特殊的珊瑚礁地理，珊瑚礁的地形跟它很相似，這邊大概有幾種地理形態，珊瑚礁是其中一種。全世界大概有五個國家，是由珊瑚礁組成的，其中有三個在大洋洲。

　　再一個大洋洲的特別之處，就在於它之所以成為大洋洲，有一個因素，其實就是我們都會覺得這些東西是與生俱來的。可是，實際上我們會發現，有很多是在歷史偶然當中形成的，它不必是現在大洋洲的這種條件，它的國家也不一定是有這樣子的區隔，可是它現在這個樣子，歷史的偶然要負起很大的責任。這個歷史的偶然，主要就是講跟西方接觸的歷史。我舉一個例子說明，為什麼這些分類不是必然的，比方說全世界第二大島新幾內亞島，它位在澳洲的北部但偏東一點點，在這個島中間畫了一條線，在地圖上都會有一條線，通常自然島嶼是不會有線的，可是它的這條線是政治劃分，線的東半部在國際統計表格上，會把它分類成大洋洲；西半部會分到東南亞。西方國家會說，這個省份是印尼的一個省份，東半部是巴布亞新幾內亞一個獨立的國家，所以它在人文上、地理上是非常相近的，可是就是因為在殖民、解殖的過程當中，它因為種種偶然的因素，使得一個地理區域被劃分成兩半，而這個當然不是必然的分類。

　　我們以南島這個概念來講，就是跟臺灣原住民語言上非常相關的一群人。我們說「南島民族」這句話，講的時候是為了方便。否則我們都要說南島語族、講南島語族的人，可是當南島民族這一群人，移民出去的時候，有跟原來住在島上的住民混血的情況。所以它在體質上我們又很難說是一群人，可是在語言上很清楚，因為這個南島語到了不同的島上，其實還是有關聯的。而我們才比較有確切的語言證據，看到南島語的分布，主要分成四個區，其中剛才講的新幾內亞島就是這區域中

最大的島。它一邊是澳洲，澳洲北部，新幾內亞，它一邊是東南亞，再一邊是印尼的土地，所以人群大概是從臺灣這邊被包括在裡面。臺灣的南島語非常古老，也就因為它語言的古老，以及臺灣內部的分歧非常明顯，通常分歧最多的地方就是起源的地方。從臺灣這邊看，是菲律賓，這邊是印尼然後到新幾內亞。新幾內亞，它原來畫斜線的這個地方，原來是住有另外一群人，不過這是完全跟南島語沒有關係的族群，所以這個歷史便非常複雜。然後這個區塊，就是我們現在所說的東南亞，這邊是進入大洋洲的地方。

　　大洋洲的整個區塊，我們把它分成三塊：靠北的我們把它叫做密克羅羅尼西亞，靠南邊這幾串很大的島嶼，像新幾內亞島往東一點點，我們會把它叫做所羅門群島；第二串群島叫做萬納度群島，也是我們的邦交國，然後再往南的一個群島，叫做新喀里多尼亞；然後這邊再往東，就是美拉尼西亞和玻里尼西亞的交界點，美拉尼西亞這邊的最端點叫做斐濟，所以斐濟在語言上、體制上、文化上，都會看到不同人群的痕跡；然後這個這麼大的範圍會是玻里尼西亞，玻里尼西亞的島很多，而且都非常小，在玻里尼西亞三角的北端是夏威夷，南端是紐西蘭，東端則是復活節島。我自己最熟悉的地方在這個地方，就是大溪地，大溪地它是一個島。跟我們一般觀點不一樣的是：大溪地是一個單獨的島，它屬於社會群島；社會群島又屬於一個大的政治單位，叫做法屬玻里尼西亞，所以這邊大概是這樣連上去。

　　這個是一個很簡單，介紹玻里尼西亞語言關係的圖片，所以我們可以看到它的語言之間的關聯是非常密切的，到這邊都還是屬於玻里尼西亞的一支，所以它分的非常快，可是它語言的互通性還是非常的高。我特別喜歡用這張圖，就是因為，這是一個玻里尼西亞語言研究院的海報。現在講玻里尼西亞語言的這些國家，他們有一個團體，專門研究：怎樣讓這個語言一直活潑的成為生活的語言。比方說，再新創一些字，像是電腦的字應該怎麼翻譯，他們的想法就是從它語言當中原來就有的找起，例如，電應該怎麼翻譯？就說是mana，mana就是「靈力」，翻譯電腦先把電翻譯成mana，因為他們認為mana就很像我們現在說的電。這在整個大洋洲是一個非常普遍的例子。

　　從自力更生開始傳教起，我們看到這個Captain Wilson運送傳教士跟他們的家庭到各島嶼去傳教。家庭因為教會希望傳教士是安定的，而且介紹給當地人什麼是Christian family，因為這個是一個基督教家庭的倫理，所以他不是單純的，他有一套構想怎麼樣去傳教。我們看到女人和很小的孩子在這裡，這兩位是後來的大酋長，之後成立了王國的一個大家族，他們坐在別人的肩膀上，因為他們的mana很強，靈力很強，電會傳染。他們的社會是照血緣來分的，不同階級的人的血緣，他的血裡面所含的靈力值是不同的，所以貴族階級中，當然是酋長血裡的mana最強，然後是貴族，平民則有或者非常少，甚或沒有。所以如果靈力強的人他踩到的地，平民不小心踩到的話，就像是觸電一樣，會發生危險。因此就有一些不同的考慮，因為人家碰到他也是危險的，這個一定是跟他血緣比較近的貴族，所以

他可以忍受他的mana的力量，必須要酋長背著隔離開來，免得造成一般人的危險。

另外玻里尼西亞是非常重視階層的社會，是極端階層化的社會，所以不同層級的人，他們的禮節差別很大。酋長出來時，其他的人要把他的上衣拉下來，必須袒胸。這個人是個白人，瑞典人，因為船上生活很苦，他到了大溪地，跳船後就不要再上船，他在這邊已經住了好幾年。Captain Wilson來的時候，他已經會講大溪地話，所以他在這邊充當文化傳譯，在早期的接觸中，這種是一個相當典型的型態。他自己社會中的人很少，靠著原來在西方社會的一些邊緣人溝通。我們看到這些人臉上的表情這都非常有趣。這個是當時船上畫家畫的，像那個Captain Cook的船上也有畫家、植物學家、動物學家，他們當初出來的時候，都是有計畫來收集知識，這就是在現代大溪地博物館，對於同一幅畫所做的再度的呈現。他們怎麼看待大溪地當地人，目前又是怎麼重新詮釋他們的歷史？

大溪地人他們並不是完全被動的，不只是有人來拜訪他們，他們自己又是怎麼看待這種關係。Omai，這個人很有意思，他主動要求Captain Cook來大溪地三次，第二次的時候他主動問他，說想坐你的船，看看你們的國家是什麼樣子的，所以Captain Cook就帶了他。因為那時候英國社會也希望這些航海家帶一些真人回來，可以讓他們測量體質，可以跟他談話，學習他的語言，分析他的語言，也看看、評量一下這個地方的人的品質是怎麼樣的。Omai馬上成為英國社會的寵兒，社交寵兒，有人教他跳舞，認為玻里尼西亞人很不錯，品質很好，很懂得

禮貌，對女性很尊重，學習能力很強，甚至於也寫了一些很大眾化的劇本，是以Omai為主題的，所以他成為當時這個社交界、學術圈裡面非常受歡迎的人物。

這是一個倫敦傳教會的傳教範圍，在現代等於是一個紀念碑的位置，這邊也等於是一個跨島之處，它不只是大溪地，包括的範圍到薩摩亞。這個是傳教士進來之後沒有幾年，他做了一件很重要的事情，他運來了印刷機，然後這邊原來有一幅圖，他開始印製、翻譯，隨後大量印刷當地文字的聖經。這是大溪地後來的版圖，它原來是有六個酋邦，後來這六個酋邦被Pomare這個家的人統一成為大溪地王國。大溪地王國傳到這個人的時候，她的先生過世的比較早，所以她就以皇后的身份主持政務。在她的手上，她簽約把這個地方交給了法國管理。這個是她的兒子，他兒子從來沒有當政過。我們一般會對人長相好奇，你們可以看這裡：這是一世、二世、三世、四世、第五代。這是Pomare家族的第三代的墳墓，他的墳墓蓋在那裡？蓋在大溪地島上，一個叫Venus Point就是金星點。

因為當初Captain Cook第一次航行來這個地方，他的目的是要觀察金星和另外一顆星星交錯的天文現象，他發現在這地方視野最好，所以這地方就被命名為Venus Point金星點，而這個地方距離珊瑚礁的出入口是非常近的。那玻馬雷的墳也蓋在這邊，其實是有一點象徵意味的，就是一個替換的味道。所以在這跟西洋人接觸的過程當中，我們會發現這些大洋洲的島民，他成為他在西洋人推動的莊園裡面，出賣勞動力的勞工，他成為購買機器商品的一個消費者，他成為這些殖民者的屬民，他

從原來自由自在的人，成為一個國家的國民、一個臣民的位置，然後他在接受基督宗教之後他成為罪人，這個罪人不是法律上的罪人，因為基督宗教它承認原罪，是這個意義上的罪人，基督教的概念會說我們都是罪人。這樣的一個接觸，又是怎麼豐富了西洋的學術、文化、藝術的表現？我們這邊介紹幾個例子，也是讓大家了解，我們現在所知道的大洋洲，往往是經過西洋的文獻、西洋文學的傳播。

四、文學與藝術作品中的大洋洲

這是一般大家比較知道的作家梅爾維爾，他寫過《白鯨記》這本書。他曾經在1841～1844年當中，在捕鯨船上面當過水手。所以他是確實有航海經驗，大洋洲除了是北大西洋北邊之外，南太平洋這邊也是很重要的捕鯨場地。他曾經特別到過的島嶼是Marquesas、Tahiti、Moorea這些地方。這三個島，其實是群島，這是兩個單獨的島嶼。這幾個島，都是我們現在說的法屬玻里尼西亞的範圍。另外他也到過夏威夷，然後他在船上叛變。所以他在船停靠大溪地的時候，被關到大溪地的監牢裡面。實際上這個地方生活是蠻悠閒的，所以他還逃獄成功回到美國。

這是另外一個作家，這是法國海軍的軍醫，我們會發現海軍在這種地方的表現上是一個很重要的人物，這個人是其中之一，他叫Pierre Loti，他寫了一本書叫Le Mariage de Loti，就是說Loti的婚姻。它講的很像是我們現在看的《蝴蝶夫人》

的法文版。有點半自傳的味道，講他跟大溪地這邊一個十幾歲女孩子的戀情，然後這個海軍軍醫得離開。再來這個是我相信你們每一個人都知道，《金銀島》的作者，Robert－Louis Stevenson，他在薩摩亞這個地方，薩摩亞是由五個比較大的島組成的。有一個大島叫Upolu，這是現在薩摩亞一個獨立的國家，Upolu這個地方有一個牧場。他在這邊住過幾年，所以他實際上在這邊有多年居住跟旅遊的經驗。

另外這個人是臺灣比較不知道的，他是一個非常重要的文學批評家，他談美學是什麼，叫Victor Segalen，也是一個法國海軍軍醫。我們現在臺灣很迷音樂劇，這個人寫過一齣音樂劇，他寫了一本書被改編成《南太平洋》這個音樂劇，也拍過電影。他是1944～1946在所羅門群島服役，1949年以後正式遷居夏威夷。這個很有意思，我們會說二次大戰美軍為何要在所羅門群島服役？所以我會說沒有一個島嶼是孤立的，不是沒有原因的。二次大戰中間，整個大洋洲的島嶼，被拖進美國、日本，還有澳洲之間的主導戰役，所以美軍在所羅門群島，現在是它的首都的瓜嘎拉卡農，這個島上有非常慘烈的戰爭，後來還拍成《紅色警戒》這部電影。

另外還有一位有南太平洋航海經驗的作家是傑克倫敦，他的名著是《海狼》，他去過夏威夷、馬奎斯群島、大溪地、薩摩亞、所羅門群島這些地方，他主要是跟著獵豹船行動。另外一個是大家耳熟能詳的高更，這是他最經典的畫作，畫作中這種花就是雞蛋花，在當地非常受歡迎。這邊我們可以看到有一些好像一條線絲的，其實是薄薄的林投葉的纖維。她應該是在

編織東西，編織籃子、蓆子或是帽子。他們為什麼要編帽子，因為要去教堂，很多宗教都要求要把頭蓋起來，讓你比較謙卑一點，當然也有人會說這是象徵意義。

我們看看他們兩人的衣服，這是非常典型，也符合我們刻板印象的大洋洲的服裝：大花，顏色非常強烈。這是露肩的，還有這種高領的。大溪地位在南太平洋，赤道以南的地方，跟我們的季節正好相反。它最熱的時候，夏天常常是三十幾度，他為什麼要穿這麼多？這是傳教士，特別是喀爾文教派帶來的，他們在夏威夷很多地方傳教，帶進了新的倫理觀念，這個倫理觀念表現在它對於服裝、音樂、舞蹈的要求上。所以，原來本地有很多的歌舞跟服裝，當傳達過多的「性」的暗示時，教會認為是非常不文雅，不符合道德的，所以也就介紹了新的服裝進來。

這幅畫叫「Ia orana maria」Ia orana是打招呼的用意，就像夏威夷的阿囉哈，maria是聖母，所以這是聖母聖嬰圖。可能你們看不太清楚這上頭有光圈。這個就是很典型受宗教影響的服裝，這幅畫叫mamaloa。mamaloa就是婦人，中年、中老年婦人的意思。高更曾經到過廣義的大溪地這個地方兩次，一次是1891～1893，他不久就到大溪地的首都Papeete，他覺得這個地方非常的墮落，已經被殖民者的文明給破壞了，所以他一直往郊區去，到了一個叫Papiare的地方去住。1893年，他回家處理財產，在1895年又回來，這回他連Papiare也不去了，他去了離大溪地相當遙遠的地方。他那時候坐在很遠的一個島，一群島叫Marquesas，他找了Marquesas其中一個島，定居在那裡，然

後學習當地的語言，所以他的畫上常常會寫當地的語言、當地
的文字。他學當地的語言和學當地的木雕，Marquesas的木雕是
非常有名的，另外還有Marquesas的紋身，它的紋身圖案可說是
整個大洋洲的翹楚。

　　高更還寫了一本書叫做《NoaNoa》，裡面就講到，他為什
麼來這個地方，他來這個地方有些什麼樣的際遇。他基本上是
逃離文明的心情，要尋求一種不同的生活方式。對他而言，這
個新的生活方式是原始的，更真實，沒有那麼多文化的包裝，
是更真誠的一種生活方式。他原來做的工作是跟稅務相關，他
到了大溪地，就是要脫離原有的這種歐式中產階級的世界。他
實際上寫了他的書，也有很矛盾的地方，如剛才所說他在逃離
文明，這是我們一般對他的認識，可是實際上，他也寫了愛情
小說，就很像之前講的那個比爾洛替寫的小說，他是要描述一
個法國人對當地女孩子的戀情，他也希望這本書所寫的主題，
可以成為暢銷書。我們從這些人所反應出的這些經驗，觀察他
怎麼從他的這些表現裡面，形塑大洋洲這個地方的特色。

五、一個當地人（地方）的觀點：群島之洋

　　我們現在來看一看大洋洲當地人的觀點是什麼。簡單的
說，當我們說孤立的島嶼時，這是多數人長期的一個觀點。大
洋洲現在有些人，他們嘗試提出相對的一個觀點，就叫做「a
sea of islands」相對於「islands of sea」，就是不要從土地的觀
點來看，他們是一個孤立的島嶼，散落在太平洋當中，我們剛

剛看到那廣浩的太平洋，好像島嶼都看不到了，在地圖中沒有辦法表現出來。可是我們如果是以一個海洋的觀點來看，這個海洋裡面包含了非常多的島嶼，它是一個群島之洋。換句話說，東加學者Hau'ofa提出「a sea of islands」，群島之洋這個觀點來對應，試圖取代孤立的島嶼這樣的一個看法。原來我們以為一個很小的島嶼，距離其他的島嶼非常的遙遠，它的四周是漫無邊際的海洋，看不到另外的一個島。可是如果你是具有航海能力的人，你知道怎麼樣尋找航線，你知道怎麼樣看星星、看水文，要跨越這海洋完全不是問題，海洋比公路還容易，你連成本都不要。所以對他而言，他是個四通八達的地方，從一個島到另一個島，對他而言完全不困難。所以這個把當地人的經驗帶出來了，他希望大家認識他叫做「群島之洋」。這就是一個浩瀚的海洋相對於一個孤立島嶼的一個觀點，這是一個看法。

另外一個，是從這個群島之洋的觀點帶出來的就是海洋是一種資源的來源，主要是海底礦藏、各種礦藏。海洋做一種象徵，可以把太平洋裡面這些島嶼串連起來，找到一個共同的路，他們叫「Pacific way」。海洋為什麼可以做一種象徵，是什麼樣的象徵？有兩個考慮，一個是海水是流動的。所以他們會說，今天在我的岸邊的海水，六個小時後到你的岸邊，三十四個小時後到了另一個島嶼的岸邊，我們是共有這個海水，所以海水是相同的，它在流動，這個邊界是開放的。另一個是就因為它的邊界是開放的，所以它可以容納，它不是用一個島嶼來看，而是用海水所可以觸及的陸地，都是可以被包含

在這裡面的觀點來發聲。由此可以發展出一個島嶼之外，或者以幾個島嶼構成的一個國家之外，更可以有超越一個島嶼的土地，可以超越一個國家的疆域。所以Hau'ofa教授他希望藉著海洋做一個象徵，發展出區域的認同。

我們也看看，大洋洲這樣一種特殊的地理、歷史和人群遷移的特色，對於我們、對於其他的社會，可以有一些什麼樣的特殊意義？可以怎麼樣幫助我們，反過來看我們所堅持的一些典範，是不是可以有一些彈性？或者說，當我們知道有別的地方，有一些不同的典範的時候，就知道我們的典範不會是唯一的，對方的典範也不是唯一的，表示許多的安排有兩個以上的可能，這可能就是無限的。

大洋洲有幾個特點，我特別想要介紹，第一個就是當代的大洋洲，它的跨國遷移是非常頻繁的，我們以為它是一個偏遠的、落後的地方，它事實上是非常的時髦、極度的全球化。跨國遷移非常的頻繁，表現有幾種形式。這邊不是一個清單，只是讓大家瞭解一下，比方說，這個地方絕大多數，除了東加以外，其它地方都是以前西方國家的殖民地。所以這裡遷移的路線，會跟過去的歷史有一個銜接，會是前殖民地的人民，到以前的宗主國，去工作或者居留，比方庫克群島的人去紐西蘭，吐瓦魯去紐西蘭的人也很多，薩摩亞人也會去紐西蘭，就是我們說的獨立薩摩亞，東部的薩摩亞是五個島，西部的這兩個大島是去紐西蘭，因為它曾經被紐西蘭治理過，東部的這三個島會去美國，它現在還叫「American Samoa」，美屬薩摩亞。所以島上的居民會去美國或常常經過，而他常常去的形式是去當

兵，是交流的軍隊，還有美國足球隊。他們不只是去以前的宗主國，近來也有去太平洋盆地周邊國家工作或者居留，澳洲、紐西蘭還有美國這幾個的地方。可見這個地區的跨國遷移非常頻繁。

這邊許多國家，在境外的人口超過了境內的人口，它的分布也不光在太平洋周邊的國家，它是集中在此，但分散在世界許多地方，也有少數的人在臺灣。這邊國家的組成形式也有很多不同的表現，所以對我們在臺灣，不光是臺灣，這世界多半的國家，從十九世紀，歐洲的國族主義論述很完整的出現之後，就一直以國族國家或民族國家這樣的一種典型，作為一種政治組織的理想。在大洋洲，我們很少看到這種可以組成國族國家條件，也很少看到他們以這個作為訴求，因為我先前說過，我們講一個名字，比方說Marquesas，它事實上是好多個島組成的，島跟島之間，它可能因為水流、風向的問題，它的溝通是有一定的方向，不會是均勻的往來。它的區域性特色，比如說迎風背風等，區域特色非常清楚，換句話說，它的地方化的傾向很強。在這樣子的一個條件之下，要他發展國族文化，這是需要非常刻意做許多工程的。

再以現實條件來講，以他們特殊的歷史經驗觀之，國族國家也不是他們的政治理想。當然有一些國家會以這個為理想，可是很多國家不以這個為堅持，他們有一種特殊的型態，叫做「free association」。是說一些國家想要獨立，脫離殖民地。第二次世界大戰之後，聯合國成立，聯合國有一個很明顯的去殖民化的目標，所以開始要協助殖民地獨立。這個案子是從庫克

群島來。庫克群島原來是紐西蘭的殖民地，就安排庫克群島獨立。庫克群島跟紐西蘭商量，說他也願意獨立擁有主權，可是他是一個總面積很小、國土非常分散，南北長達一千多公里的一個國家，他最大的島，也就是他的首都，在最南端的島上，這對他而言，他的基礎建設會非常的辛苦。

　　庫克群島官方覺得紐西蘭是一個比較溫和的殖民者，雙方就談好一個情況，就是他把外交跟國防交給紐西蘭，除此之外他是一個跟其他主權國家沒有兩樣的一個獨立國家，他們的關係，就在庫克群島憲法上註明，叫做「free association」，對聯合國而言，這就可以了，這就不再是一種殖民的狀態，那是雙方談妥的一個條件。現在密克羅尼西亞這邊，一直到1979年，都是二次世界大戰之後，聯合國交給美國託管的前殖民地。密克羅尼西亞這個區域，我們現在知道有帛琉這個國家，有馬紹爾群島，我們的邦交國，有這幾個地方。他們跟美國的關係是什麼？帛琉是一個完全的獨立國家，他跟美國有約定，就讓美國使用他的核子潛艇和海軍基地，其他的幾個國家跟美國獨立時，也訂有協議，和密克羅尼西亞類似的安排，對他們而言這是比較實際的。

　　另外應該是在今年二月份，你們如果看到報紙上有一個小小的島，叫做托克勞，托克勞這個島上，人口有二千多人，聯合國說現在要幫助他獨立，所以他島上二千多個人口就安排投票，他們有兩個選擇，一個是要不要脫離紐西蘭自治，另一個就是是不是維持現狀，投票結果是維持現狀，因為這是一個非常實際的考慮。這就讓在臺灣生活的人很驚訝，為什麼會有社

會不願意自治，他們是自治權已經放到他們手上了，為什麼他們不願意要自治？從這樣的一個角度想，也讓我們瞭解到做一個國族國家是一種政治理想，那只是許多政治理想裡面的一種選擇。

大洋洲這邊還有一個很特別的，我們等一下在圖片中可以看到，就是傳統跟現代不同時間的並現，最好的一個例子就是新幾內亞高地，它在1930年代澳洲人進去探採金礦的時候，當地人還在使用石斧，沒有多少年之後，因為澳洲人在這裡發現金礦，要開採，所以他到了這邊沒有幾個月，就請當地人幫他們整地。我們看那個1933年的影片，有很多人在那邊跳舞，幫忙把地壓緊作為跑道，然後飛機就來了。這個轉變非常快的，可它並不是全面的轉變。在生活當中，就我們用文化發展的角度來看的話，會有不同時代的歷史，同時呈現在那個地方，這就是我們說他非常具有後現代的特質。

我們現在回過頭來看幾張圖片，就是我們剛剛講的島嶼之間，往來算是頻繁的。以新幾內亞東部外海有一大群島，群島之間就有傳統的跨海交換行為，儀式性的交換行為，我們稱它叫「Kula ring」就庫拉圈的這種表現。這是Kula ring出海，出大洋的船，它的裝飾最重要的就在這裡，我們可以看出來是出外海去進行交換。去交換什麼呢？這是我們剛剛講，很多人在探討的，為什麼這些人這麼不怕麻煩，這麼費事，只是去交換完沒有實用價值的東西？這是他們掛在手上，是用很大的貝殼磨成這個樣子，他們重點是在換這個東西，其它的都是在裝飾這個偉大的貝殼。

　　這些貝殼都有名字，也有歷史，就是在說他的上一手是誰，再上一手是誰，這個人是用什麼東西跟他換來的，它的歷史越長，換手的次數越多，這個東西的聲望越高，獲得這個東西的人，聲望也就越高，所以他們在爭取的是這個非常抽象的聲望。Kula的交換還有一個很有特色的地方，就是辛辛苦苦的換來的，並不是要留著，是還要再給出去的，慷慨是一項非常重要的美德。就是我們前面看到，以為那個人特別的積極，他們是集體出去跨海航行交換來的，回到自己的聚落時，要陳列、展示這些物品，這就是博取聲望的一種形式、一種安排，真的非常漂亮。

　　這張是衛星拍攝的，我們的邦交國吐瓦魯，吐瓦魯是由九個島組成的，全部是珊瑚礁島，這是他的第二大島，叫做Funafuti，這個島飛機場在這上面。這是Funafuti international airport國際機場，它的飛機一個禮拜有幾個航班非常清楚，沒有航班的時候，這裡就變成足球場，這個機場是臺灣幫忙蓋好的。我們說島嶼，它是島嶼沒有錯，但它絕對不是孤立的島嶼，就像我們剛才看那麼小的一個島，它的海岸水裏，有著二次大戰遺留下來的戰車，這個就是它的歷史，成為現在的一個部份。我們在臺灣，去帛琉旅遊的時候，我們傾向從事所謂的生態旅遊，我們去什麼水母海，可是另一個旅遊的方式是戰爭旅遊，因為他有太多二次大戰在太平洋裡留下的戰爭痕跡，這是留在大溪地的痕跡，大溪地政府那一塊，就是我們剛剛說布根維爾公園後面的那個地方，在馬路旁邊，他不是封在公園裡面，就在馬路旁邊，無名英雄墓，紀念的是在不同戰爭中陣亡

的人。另外這個是最新的,紀念那裡?是紀念1990年波士尼亞的戰爭。怎麼大溪地的人會跑到波士尼亞參與戰爭?他幹嘛要去,他去參與是因為他在法國的全球計畫之下去的,這就是他跟外界發展的關係,是依照法國的網絡,所以我們也可以碰到,大溪地的人跟一個留尼旺群島的人通婚、結婚,因為他們都在法國讀大學,所以法國的帝國的痕跡,還是很清楚的成為他們日常生活的脈絡。

在這些地方,很多像在托克勞的去殖民的工程,應該說除了一些法國殖民地,絕大多數的地方都是獨立國家了。它做為獨立國家,我們就說它現身了,它站出來了,它怎麼樣發聲呢,它說些什麼?我們要作為一個獨立主權國家,有一個說話的方式。它印鈔票,它的鈔票上怎麼彰顯它的國家的特質,這是索羅門群島的錢,這裡有一些是他們覺得和認定的特色,會這樣表現出來。再一個是國服,我們這邊會連續看好幾套,因為這些設計很精采。這是一個時裝表演,這場表演是在競爭,是一個比賽後的表演,大家都在提出什麼是我們的國服。另外一個很有興趣的題目是,什麼是我們的國宴的內容?

這是在新幾內亞的國服,二次世界大戰後,這個地方是由澳洲治理,一直到1975年正式獨立。現在說的巴布亞新幾內亞這個國家,它的北部,這個長長的島的北端,是由德國治理,南端是由英國治理,所以它的歷史是非常複雜的。在1975年成立獨立國家之後,它開始要型塑他的國族文化,它的國家做一個文化體,基本上要靠很多的努力,除了這邊有一些少部分的南島語族,其他的地方基本上是巴布亞人住。在這邊移民進

巴布亞的，有三萬年以上的歷史，所以新幾內亞這個地方是比較複雜的一個地方。它不是只有巴布亞語，它有七、八百種語言，不一定有一種溝通的語言。所以做一個獨立國家，一定要塑造出它的一體感，覺得他們是一個國家的人民。所以會提出國服，也是做這樣的一個努力，這一套是最精采的，因為他把國旗的重點，國旗的要素都放進來了，紅色、黃色、黑色，這是新幾內亞國旗的顏色，新幾內亞國旗上它有很重要的標誌是天堂鳥，所以它把這些要素都放進來。

這個是另外一種，可以看得出，他用的是樹皮布上的圖，設計那些主題在這上面。這一個也很明顯，也是樹皮布上的圖案，這些會跟斐濟或者索羅門群島的比較相近。這張很有意思，這幅畫是畫在萬那度。我們很快的再看幾張萬那度的藝術作品，這是萬那度國旗的樣子，這是山豬牙。他們在1980年代獨立的國家，他很清楚傳統的重要性，國家把傳統賦予一個很高的地位，甚至在憲法中會明言保護傳統，所以這是一個萬那度的國旗，這邊有兩個人往這邊走，這邊這個是十字路口，紅綠燈。

這是一個政府部門外牆門口的吊飾，比較有當代手法的一些作品。這幅畫我很喜歡，這是一個大溪地作家的作品。說到這個畫家很有趣，他是在大溪地被認可的，他原來是夏威夷人，在1970年之後，他覺得夏威夷人已經太西方化了，所以他在尋找他的根，因為夏威夷人是從大溪地移民過去的，所以他來到大溪地，開始學習大溪地的藝術形式，學當地的神話。這幅圖是在描寫一個麵包果樹的神話，麵包果樹的起源是：天亮

時，一個爸爸和媽媽到處找食物找不到，孩子很餓了，爸爸很痛苦，就跟媽媽說，沒有關係，明天早上，你到什麼地方去，你會看到一棵什麼樣子的樹，樹上的果實是可以吃的。爸爸自己變成一棵樹，然後這些是他的身體，變成這樹的各個部份。

我現在提到的這一點，要強調的是島嶼不是封閉的，剛剛說他們的人移出去，也會有外面的人移進來，有外面的影響力，成為他們的一部份，一個歷程。這個他們叫他巴比的畫家，在強調大溪地的重要性的時候，會納入他的藝術品，還有他也是一個作詞作曲者，當地人也會納入他的創作歌曲，雖然他是一個夏威夷來的移民，他是成年以後才來到此地，但是他們也完全接納他。這是商業的力量，或者說技術的力量。這是在地報紙的一頁，全頁的廣告，一場搖滾音樂會的廣告。他全身的刺青是非常典型的，Marquesas這地方的刺青，可是他彈吉他，他愛搖滾樂，這些要素是可以並存的。

這是一個雜誌的封面，我們看得出來，這個女人手上戴的是一串黑珍珠的手鍊，這個女的看起來就非常有西方的味道，可是這個男的背後全部是刺青。它這一期專刊的標題是，刺青的復興，大家開始再度欣賞刺青。在傳教士發揮影響的時代，刺青是被禁止的，所以他們現在開始在欣賞，把一個非常西方的跟一個傳統的形象並存，這兩個可以組成一個家庭，是有一個合作的方式的。我做的是大溪地的研究，大溪地有一個外來人口，華人，這個外來人口也成為大溪地的一部份。但是這個華人是真的華人嗎？我會覺得這裡華人更像是當地人口的一部

份，他們大多是天主教徒。這個是他們慶祝新年的一種混合的方式，所以他用了紅色，上面貼的是宗教的話，聖主教人賜福良民，這是宗教的話，可是他用的是紅色，他在過中國年。

在臺灣很奇怪，我們本身很複雜，可是我們的看法很單薄，我們沒有辦法認識這種複雜的歷史，我們還要求說你長得像不像什麼？像我常碰到人家說，你不要講話，看起就像外省人，那我實在覺得很無奈，我也很好奇，線索在那裡？有人跟我說他分得出日本人跟韓國人，這種話我也聽聽就算了，有人說他看得出美國人跟德國人的差別，我都是很佩服。這是在過中國年的當天，一月一號，正月一號，市場裡面賣小吃的，因為我午飯都在這邊解決，在這邊買東西，就在這一家，所以我就問說可不可以拍張照片，他們也很樂。那天街上大家穿的都是很典型的中國服。我去參加他們縣政府前面的一個活動，一大堆人，有人罵我，你為什麼沒有穿唐裝，是華人罵我，而我怎麼知道會有這種規矩，我在臺灣也沒穿過。

所以你要說他是誰？這個到大溪地，我們說地貌，從它的地形來看的話，這是紀念某一艘船隻到來的登陸紀念碑，這個是西洋人來這裡，他接受這個歷史，說真的他也無法否認這個歷史，可是他又用紀念的形式，在這邊的碼頭附近，記錄了這個歷史。而這個登陸紀念碑是這麼重要的事情，其實是因為這是非常南島的一個傳統。南島特別重視親屬，以波里尼西亞來講，因為他有一個長嗣繼承的傳統，就是老大要繼承，這在排灣族非常清楚。由於是長嗣繼承，所以就算你能力再強，你不會超越你的老大，或者你們家族的長房，漢人講長房。所以如

果他想當領導的老大，他就移民出去，不斷的遷移，這使得他的分散，成為一種生活方式，遷移成為他的生活方式。到了這個地方，我們人口多了，有別的人也來了，我們在這邊開拓、居留和住下來。

然後這個地方，誰的權力比較受到重視，受到尊重，當然有個優先順序，第一個開發的人，有所謂的創始者的原則，整個南島，也不光是波里尼西亞，都非常的重視這點，這塊地是誰開發的？我跟他有什麼親屬關係？我跟他的先後關係是什麼？我要用那一塊地，我要去請他或他的後人同意。所以他對這個地方，誰是先來後到的關係非常的看重，對登陸的這種事情更是留心。因此西洋人的登陸紀念碑，其實是在南島的概念之內。到底是誰接納了誰？或者是誰藉著誰的形式來表現？

這張圖展現的是一種很典型的島嶼印象，你在碼頭看著船來、看著船走，你不會孤單，因為會有船從海平面出現，這是一個經常發生的經驗。這邊是一些統計數字，只是要讓大家知道，一些較特別的情況。比方說，新幾內亞這個島，他的人口三百多萬，有四十幾萬平方公里的面積。這個地方，由發展的觀點來看，是一個有經濟發展潛力的國家，也是非常少數的一個例子。看一下我們的邦交國吐瓦魯，人口一萬，面積是26平方公里。最小的一個國家是諾魯，九萬三千人，面積是21平方公里。人類學為什麼要研究異文化，研究了異文化後要幹什麼，剛剛我們說因為要回過頭來看自己，因為我們的選擇，可能並不是唯一的、必然的一條路。

六、結語

　　回來看我們自己，從兩個文化的比較當中，我們會發現，照這個邏輯推下去，應該還有第三種，第四種，有許多種的可能性，所以我們的彈性是非常大的。我們一旦瞭解這個彈性非常大的時候，我們就要對我們不瞭解的東西要容忍。人類學不光是提供一種知識，它還提供一種精神，一種態度，我覺得這是非常重要的，我們叫它六字真言：容忍、瞭解、欣賞。有人改成寬容、瞭解、欣賞，覺得這個容忍好像很不得已，可是我覺得寬容是一個美德，然後你會站在一個道德的高點，對方是被你寬容的人。這不是我們的本意，我雖然不喜歡你，但是我容忍你，這是底限，這不是道德的表現，我們容忍之後，才有可能有機會去瞭解它，瞭解之後，我們可能喜歡也當然可能不喜歡，所以容忍、瞭解、欣賞，我覺得是一種可以考慮的態度。今天就分享到此，謝謝大家。

（文字整理：鍾佳玲）

作 者
傅濟功

現　職

國立臺東大學華語文學系副教授兼圖書館館長

學　歷

韓國成均館大學東洋哲學系博士

專　長

中國哲學思想、韓國哲學思想、國語語音、小學圖書館學

臺灣新移民與多元文化

一、引言：一段美麗的邂逅

今天很高興能夠有這個機會，在這裡跟大家分享以多元文化的觀點——來看臺灣的新移民。

關於「臺灣新移民」這個說法，不曉得大家熟不熟悉？也許，我們曾經聽過「外籍新娘」，曾經聽過「外籍配偶」，也聽過「臺灣新移民」、「臺灣新住民」等等。我們可以看得到它的特色是：「百分之九十、九十五以上都是女性」，「大部分都很年輕」，「大部份來自於大陸、東南亞等地」，這些是他們的特質。不曉得在大家的身邊，是否都有這些人，都和他們有接觸的機會？或者，在親戚朋友中，有沒有這麼一個新人口進來？在今天這個主題裡，我會跟大家分享我所觀察到的臺灣新移民。

我先談一段美麗的邂逅，也許這個主題原本適合由社會科的老師來擔任，但是，由於在八、九年前，當臺東開始有一些外籍配偶、外籍新娘來到這裡以後，臺東縣政府規劃了有關「在地新移民」的輔導課程，那時在生活適應的部分，第一個

想到的就是語言適應。想到語言適應，就找到了在臺東大學「語文教育系」任教的教授，就是我，擔任協助他們規劃課程的工作。從那個時候起，我們就有了一些接觸。然後，了解了他們相關的課程規劃。另外，在縣政府的主導之下，希望我們成立一個協會，而這個協會是由在地的人去運作，就像是成立一個我們想要的社團。在地的我們有一些教師的經驗跟教學的歷程。所以，今天我們也請到了我們協會的組長，來跟大家分享她們的參與協會工作的經驗。

二、媽媽的話

不曉得你們有沒有聽過這些話？大家應該可以看得清楚：「越南新娘、大陸新娘，25萬全包。」、「保證處女、不是退費」、「跑一個、賠一個。」、「兩年不懷孕，就退貨！」……。你們有沒有看過這個樣子的廣告在電線杆上？「越南新娘介紹，只要20萬！」那時候，當我回到我的娘家，在苗栗的山上，在到處的電線杆上，都可以看到貼著這樣的廣告招牌。大家看到這樣的廣告，不知道心裡做何想法？在這個地方，我們把人當作貨物一樣，用價錢來談買賣，而目前在我們臺灣，像這樣的「婚姻仲介」，竟是將它歸在於「營利事業登記」，是可以按照營利團體去登記、去經營的！與之同時我們可以到處看到有這樣的廣告！

這些話你們聽起來覺得如何？「她們來就是要來臺灣要錢的」，這是在談論我們的外籍配偶姐妹。我也常常聽到，在地

的鄉親、朋友，跟我說到了關於外籍配偶時，他們就是這樣子看待外藉配偶，覺得他們唯利是圖。而在我們舉辦和設計一些課程時，邀請我們的姐妹做一些識字教學，也會聽到他們家裡的人說，「出去外面會被其它的外籍新娘帶壞了」之類的話，而不讓她們出來。她們的夫家有很多的擔心，總覺得娶進來的媳婦，很容易就會學壞，然後就不要她們了，或者，就是讓他們待在家裡，不准她們出門去。我們也常常看到這樣的狀況：她們家裡的人會說「她們有機會就會逃跑、不回家了！」。但是，真的是這樣子嗎？她們來這裡真的只是為了賺錢嗎？她們來這裡就是要想辦法離家、逃家嗎？也許我們可以思考一下這些問題。基本上，我想，我們在臺灣走過的這些年，有許多人會想要追求「過更好的生活」；或者有不同的體驗，我們也會想要去另一個國家，這是人的基本人權，我們都會希望找到一個更好的生活環境，或學習的機會。

　　「語言不通，加上文化迥異，嫁來的外籍配偶幸福嗎？」「飄洋過海到臺灣，她們找到自己的夢土？還是正在受著煎熬呢？」

　　這是一張團體結婚的照片。通常跟外籍配偶結婚的國人，他們到了東南亞，過了幾天，找到了對象，然後會通過一定的手續，也許沒有幾天的相處，就把一個媳婦、一個新娘娶回家。我們常常聽到他們家裡的人對媳婦講：「你是我買來的，我要怎麼對你，就怎麼對你！」。我們可以看得到她們的際

遇：來到這裡常常是孤家寡人，對在地的文化、在地的語言，通常是不熟悉的，然後，她們就會遭受到非常多的考驗。比如有一次我在上課時，有一個學員的先生，就帶了一個外籍配偶來到我們上課的教室。我看到那位外籍配偶，滿臉驚慌，四周的人所講的話，她一句都不懂。她來到一個她完全不熟悉的環境。當她進到我們的教室時，我問她從那一國來，她說她從越南來，我就安排她坐在四周都是越南同學的位置上。

然後，在她發現她身邊的人，講的是她家鄉的語言，而且跟她一樣都是遠嫁臺灣，也初來此地，我看到她的臉，從極度緊繃跟驚慌，慢慢的放鬆慢慢的放鬆，找到了依靠，找到了可以代為轉達和翻譯她意思的人。所以我們可以看得到，當一個外籍配偶來到這個地方，是很無助的。我們常常聽到他們的家人說：「笨死了，講的是什麼國語，你不要跟孩子說話。」。我就是常會碰到她的家人跟她這樣說話，我不曉得大家聽到這句話會怎麼想？我們的外籍配偶，在進入家庭以後，她們很快就會有自己的小孩，通常不太有選擇權，不像我們在地的一些女性，進入家庭、結婚以後，會規劃我什麼時候要有小孩，我準備好了以後我才要生養小孩，但她們來到這裡，通常有一個很大的任務就是要傳宗接代。當孩子生下來了，她們還不太會說本地的語言，或者是用著很生澀的語言在講這裡的話，家人就會跟她說：「笨死了，講的什麼國語，你不要跟孩子說話」。

大家聽到這樣的話，不曉得覺得如何？你的這個外配媽媽，應該要跟她孩子怎樣互動？應不應該跟她的孩子講她自己

家鄉的話？不過，當我們說：「外籍配偶姊妹、媳婦，她們對國語不熟悉，所以不要跟孩子說話，以免教孩子講了不純正的國語」各位有沒有想過，我們聽起來最親切的國語，其實是臺灣國語，就像我們陳前總統的國語，我們的總統說：「我們的國家會越來越好。」我們聽了也覺得很親切對不對？這就是臺灣的國語，它並不純正。我們的外籍配偶學習幾年之後，她們的國語不見得會比總統差。我們臺灣之子的總統，他也是生長在一個不是那麼富裕的家庭，但是，在一個公平的社會體制之下，他有一個很好的學習成果，為臺灣做出貢獻。在很多外籍配偶的家庭裡，小孩子成長了，看到他的媽媽，被這個社會或很多人講：「你不要跟孩子說話。」他心裡的感覺是什麼？就是媽媽的語言和媽媽的文化不被認同。其實，我們可以想想看，媽媽的語言就是最自然的語言，在每一個語言後面都會有一個非常豐富的文化資產，當我們外籍配偶的小孩，他的媽媽是越南人，或者是菲律賓人、泰國人，他從小就跟媽媽學會了這樣的語言。但是他在臺灣的土地上，有沒有可能不會說國語？沒有可能。他有沒有可能完全聽不懂臺語？不會。所以，當我們目前在臺灣有七點五分之一的小孩是外籍配偶的小孩，這些孩子，他會使用更多國家的語言時，他有的是什麼？是競爭力。他可以有更多的文化背景作為依靠，有更多跟人競爭的能力。多一種語言，就多了非常多種的可能性，這也許是我們可以去思考的問題。我們常常會擔心外籍配偶跟她的小孩子講自己的母語，其實是不必要的擔心。

三、女性新住民

不知道大家有沒有注意到一個新聞，目前到越南去娶外籍配偶，最多的是韓國人。韓國也跟我們經歷差不多的經濟成長，現在他們的國民所得超過我們，所以，很多農村青年也一樣娶不到太太。你可以看得到韓國人，也在選太太，經過這樣子的過程，可以解決傳宗接代、找到一個伴侶的需求。雖然是透過仲介的方式，他們挑到的太太，通常是最年輕、最健康、最健美，也通常是身型姣好。那些特別挑選過的配偶留在他們的國家，把她們栽培成長到二十歲以上的的成年人，然後進入另一個國家，她可以給這個國家帶來什麼呢？其實我們是可以思考的。

很多外籍配偶，她們來到臺灣的際遇和待遇怎麼樣？她們常常會因為國籍，或者性別被貼標籤，來自東南亞、大陸、美國或其他各國的外籍配偶，我們都會貼標籤。我們特別容易以一國家的經濟發展，來斷定她是不是來自落後國家。再以性別來講，通常在這個社會，我們常常會給「女性」非常多的負擔。另外還有階級的問題，在臺灣，通常娶外籍配偶的人，大部分是屬於中低社經階層的家庭，他們在臺灣整個社會發展過程裡，有找尋配偶的困擾，是比較不容易找到另外一半的男性，所以這些外籍配偶，她們一進來這個社會，就會受到不同狀況的歧視，她們必須要受很多試煉。我不曉得這裡有三張照片，有沒有人認識任何一張照片中的人？最右邊的這位，因為

發生命案，她叫阮氏紅琛，現在已經不在了。她跟李聚寶的搞軌案有關，這是臺東在地的外籍配偶。我在準備這些投影片時，在網路上抓到兩個我認識的在地外籍配偶姐妹，第一位，她叫阿惠，她來自印尼，然後，她為什麼會在網路上？因為阿惠跟來自泰國的宋賣，他們兩位其中一位是在外事警察局幫忙新來的外籍配偶，協助她們翻譯，填入籍資料的時候的志工，所以被放在網頁上表揚。我們可以看到這位從印尼的阿惠，其實也是來自中低階層，小孩子是有智障的，她是一個非常辛苦的媽媽，不過，她還是願意走出來，幫助後來的姐妹。另一位是來自泰國的宋賣，目前她有一個小孩，是在自己家庭經營的事業幫忙，但她們也都是走出自己的家庭來幫助在地的社會。

　　我們看一下臺灣的族群，臺灣最多的是閩南族群，占百分之七十，大概有一千五百九十三萬人，其次是客家族群，占百分之十五，大概是三百四十一萬人，外省族群占百分之十一，約有兩百五十萬人，原住民族群占百分之二，大約有四十六萬人，外籍配偶到九十六年三月底是三十八萬七千人，佔所有人口的百分之一點五。不過這只是外籍配偶個人，她跟包含全家族的人數來說，是分散在三十八萬個家庭裡面。所以外籍配偶與其他族群來講，它的成長速率是最快的。

　　我們知道這一批新移民，那一個稱呼你覺得最適當？我們從：外籍新娘、外籍配偶、臺灣新移民、新住民、新臺灣人、跨國婚姻婦女和外籍臺灣媳婦、女性新住民，這些名詞都是稱呼她們的用語，我不曉得大家是習慣用那一個用語來認識她們，或者用那一個用語，也許你會不認識指的就是她們。我們

最早稱呼她們為「外籍新娘」一開始我們政府也是這樣子稱呼她們，但是，當新娘要當多久？一天嘛！好，新娘不適用，外籍適用嗎？外配姊妹說：「老師，我現在有身份證已經五、六年了，不是外籍了」。所以呢，其實這個稱呼是不適用的；我們再來看一下外籍配偶，「配偶」是指跟國人結婚的另外一半，他們有些還是外籍，他們是依親身份，但是很大部份已經是本國籍了，所以政府，曾經用過一段時間外籍配偶的稱呼，大概比較容易馬上掌握住指的是她們。至於臺灣新移民跟臺灣新住民，目前政府在很多用語上大部分用這兩個稱呼，他們是臺灣的新移民過來在臺灣居住的人民，跟原住民最早在這裡居住的人作區別，我們可以用這樣子來定義。

基本上，臺灣的住民不過是先來後到的區別，我們從最早的原住民，然後是一些經過漳州、泉州地方來臺灣的漢人，還有其他各個階段來臺灣的人，包括三十八年撤退來臺的大陸各省的人。我們可以看到，外籍配偶是近十年來，尤其是這十年來，新進臺灣的一批人，而且是為數眾多的人，讓臺灣從一個移出的國家變成一個移入的國家。在很多研究裡我們還是會稱呼她們為「跨國婚姻婦女」，或者偶爾我們會看到「外籍臺灣媳婦」這樣的用詞，如果有人稱我是詹家媳婦，在某些場合我覺得是適當的，但是我的身分不會只是媳婦的身分，我是某人的太太，也是小孩子的媽媽。我是東大的老師，也是外籍配偶協會的負責人，所以我會有很多身份，當有人稱呼我為媳婦時，我會覺得某些方面是非常不完整的，外籍配偶她們也不會只有媳婦的身分，不是只是公公婆婆的媳婦，他們會有她們

自己的人格跟發展，和她們的人生規劃，我們應該全面的看待人，在某些情況下我們稱呼她們臺灣媳婦是適當的，但是大部分是不適當的；女性新住民，這是我們對他們的用詞，你覺得那一個比較適當呢？

四、湄公河母親

臺灣的新移民人數，到九十六年三月底，是三十八萬人，大陸占百分之六十五，東南亞佔百分之三十四，如果以全臺灣到今年（2007）三月底的人口，外籍配偶在各縣市分布的人數來看，其中臺北縣人數最多有七萬多人，其次是臺北市，四萬多人，再次是桃園縣，約三萬近四萬人等。我們鄰近的花蓮是七千多，然後屏東市一萬六，臺東由於是全臺灣人數最少的縣市，所以人數是三千四百四十三人，這個是到三月底的人數，數字每個月也有增減。如果以臺東的新移民來說，因為找不到再更新的資料，去年，我們臺東的外籍配偶佔本地人口的百分之十五。臺東的外籍配偶，百分之七從東南亞和大陸來，其他國籍佔百之一。關於國別，大陸占百分之六十二，越南百分之二十五，印尼百分之六，菲律賓百分之二點五，這可以在內政部的網頁看到相關的資料。她們的教育程度，大概高中職佔三分之一，國中大概三分之一左右，小學大概三分之一左右，其他佔百分之六，像我們協會姐妹裡面，有些人是沒有唸過書的，有人是大學畢業的，各種學歷都有。

　　為什麼外籍配偶會來到臺灣這塊土地呢？第一個我們可以看得到，全世界不管是商業、文化、交通交流頻繁，臺灣有經濟生活困境的某些特殊階級，讓他在婚姻市場上的競爭地位也喪失了。所以，為了要傳宗接代，他們只好向鄰近的國家娶一個對象，這是臺灣外籍配偶現象的成因。基本上大批的女性新住民來這裡生根，婚姻與文化社會都需要適應，然後成為很多家庭的生力軍，是新一代臺灣之子的母親。其實以她們的人數來講，對臺灣的影響是非常大的。我們曾經聽過這些話，如：「買賣婚姻容易導致破裂家庭」政府的某一個官員這麼說過，「外籍配偶子女將導致臺灣人口素質降低」，這個官員說了這句話以後，受到了很多困擾跟撻伐，他道歉了。還有，我們也常常聽到這句話「外籍新娘唯利是圖，只知寄錢回娘家」，我們應如何看待這情況，一個女兒養到二十歲，然後遠嫁異國，在一個家庭裡面，也許有別的生計，就是用此方式幫助娘家，我們可以看得到她的經濟弱勢，看到國人對這批外籍配偶女性常常會有一些要求和苛責，你又如何來看待這一句話？臺灣主流社會，對外籍配偶族群的焦慮是日益升高的，會不會在理性上覺得不應該歧視，大家都是人格平等，但是，在感情上，我們是不是仍無法脫離負面的認知和刻板印象？這是我們可以檢討的。

　　每一個外籍配偶，她其實有很多困難，第一是語言的隔閡，第二是社會關係的缺乏，第三是她們很多是還沒有身分證的人，她們無法使用法定的福利資源，她是一個依親者，家庭關係的附屬者。有一次我接到一個電話，我們的外籍配偶姐妹

打電話給我，她大聲哭著說：「老師，我的先生打我，好痛喔！」在那個現場，我只好盡量安慰她，然後教她如何去對應。我們有很多外籍配偶姐妹，嫁入家庭以後，她們所受的待遇，常常是隨時受威脅的，因為她們沒有一個自己的獨立身份，她是一個依親者，當家裡人有一點不滿意她們的時候，就威脅：「我明天就把你送回去」。我們外籍配偶協會這個禮拜開了一個新班，我看到一位外籍配偶的先生，帶了一位太太來上課，其實帶太太來上課的先生，我們覺得真的很好，他能夠體會外籍配偶他們還沒有駕駛執照，摩托車執照，會帶他們來上課。但是我發現，他們所帶的太太不一樣，換了一個。這也是我們該去思考，為什麼會很輕易的就有這樣的情況發生。

我們常常會說，新移民女性是文盲，素質低落，真是這樣的嗎？我們剛剛看到她們的教育平均，三分之一小學，三分之一國中，三分之一高職，這樣雖是比臺灣的總平均來講略低，不過以她們國家經濟發展的狀況，跟她們受教情況相較，其實是成比例的。所以，她們來到這裡，因為不會說這裡的話，不會看這裡的字，常被定義為文盲，其實我們應把它稱作功能性的文盲，那是因為她不是從小在這裡生長。在我們的經驗裏，只要提供她們機會，讓她們學習，這些女性，非常年輕，非常勇敢，非常勤奮，她應該可以為很多家庭帶來很大的幫助和支柱。我們也常會說，她沒有能力教養下一代，使子女發展遲緩，是這樣子嗎？曾經，有越南的姐妹告訴我，臺灣的教育她覺得是比較開放的，有一點跟越南比較不一樣的地方是在越南，會更尊重、更注重倫理教養，在家裡，子女應該要對父

母、爺爺、奶奶、外公、外婆有該要的禮數。她覺得有些學習的面向，在這裡的教育中是看不見的。

外人認為我們的外籍配偶姊妹不曉得怎麼教小孩，其實有很多東西，我覺得是我們應該要向她們學習的。我們欠缺太多尊重多元文化的思考，否定新移民的文化和努力。就如她們不事生產嗎？以我自己親身所看到的例子，她們進入家庭以後，都變成家庭重要的支柱，不管是照顧老小，成為家庭的主要從事人，或者作生意，變成生意上的得力助手與負責人。目前她們很多人都投入一些農業或者低工資的工業或商業，是家庭經濟能力的主要的提供者。我所看到的外籍配偶姐妹，她們要找工作其實很難，但是家庭經濟壓力又很大，所以在臺東，大部分的姐妹，她們的工作是去種檳榔的農家幫忙疊老葉，摘老葉，或者一早去早餐店幫忙，到了中午回家以後，下午再去疊老葉，或是去我們的中央市場接受聘僱等等，可以看到她們大部分都是從事這種低工資的工業和勞動力的工作。圖片中這位是我們外籍配偶組長，帶著小孩在做越南偶，她們是家務的主要負擔者、孩子的主要照顧者以及陪伴者，從她們身上你可以看到什麼？「年輕」、「健康」、「勤奮」、「勇敢」、「忍辱」和「積極」，這是我對她們直接和近身的觀察與認識，誰說她們不是臺灣社會活力最主要的貢獻人呢？

在這裡跟大家分享去年年底，我們協會接到臺東縣要辦一個全縣朗讀比賽的邀請，當時候我們很忙，所以也沒有留意，到了禮拜五要比賽時，禮拜一我就找她們說，要念什麼呢？我就定了一個題目，請她們簡單朗誦一首新詩好了，我問每一

個人：妳們離家時，家裡的人跟妳們說什麼？我用她們給我回應的簡單一兩句話，寫成了一首詩，讓她們朗誦。朗誦規定時間是三分鐘，三分鐘之內，在座的三位評審全部掉下眼淚，她們得到第一名，她們朗誦什麼呢？題目是「湄公河母親」：美麗的湄公河，緩緩吹向南方，微涼的南風，輕吹著湖面；青綠的椰葉，輕吻著河水，湄公河呀！母親河！想起你就想起故鄉……故鄉有我親愛的母親，我辛勤的母親，當我要遠嫁異鄉，媽媽的叮嚀迴盪在耳邊，媽媽說：要聽話！要忍耐！要快樂！是的！我會的！親愛的母親不要擔心……湄公河呀！母親河！想起你就想起故鄉……故鄉有我親愛的父親，關心我的父親，當我要遠嫁異鄉，父親的叮嚀迴盪在耳邊，爸爸說：要保重！要勇敢！要認真！是的！我會的！親愛的父親不要擔心！湄公河呀！母親河！想起你就想起故鄉……故鄉有我親愛的姐姐，疼愛我的姐姐，當我要遠嫁異鄉，姐姐的叮嚀迴盪在耳邊，姐姐說：要照顧自己，要常常連絡，好的！我會的！親愛的姐姐不要擔心！美麗的湄公河，緩緩流向南方，微涼的南風，輕吹著湖面；青綠的椰葉，親吻著河水，湄公河呀！母親河！想起你就想起故鄉……。

我們還有使用這樣一個名詞：新臺灣之子。我們現在都習慣稱外籍配偶的子女叫「新臺灣之子」。從民國九十三年的統計，新生兒七分之一為臺灣之子，意指其中有四點五分之一的結婚對象為外籍配偶。所以九十三年出生的小孩，到一百年進入小一，小一新生中有五分之一是新臺灣之子。我們必須要準備，臺灣的臉譜將有急劇的變化。我們說新移民將導致下一

代人口的品質下降？我們不妨看一下美國的例子，移民潮帶來
文化衝擊與融合的過程，它會讓一個國家產生具創造性的文
化。在美國的研究，移民第二代的表現平均值，比在地住民第
二代優秀，看到美國的情形，我們臺灣可以嗎？我們臺灣要怎
麼做，才能夠讓我們的新臺灣之子，有這樣的環境去學習，去
成長呢？還有，新移民通常面對環境的適應和其他的困難和挑
戰，通常會有更堅強的毅力，去努力、奮鬥，求取更好的成
就，所以只要社會給他們足夠的機會。這是我們蘇前行政院長
說的：「兒子是新臺灣之子，母親不管來自何方，當然是新臺
灣之子。」臺灣的母親，來自很多國家，如何學習與新移民相
處，是臺灣民眾需要認真面對的課題！

五、多元文化在臺灣

除了原住民以外，臺灣其他族群都是外來移民，我們過去
四百年臺灣的移民遷徙，帶來了什麼呢？帶來了新住民、新文
化、新語言、新的風俗習慣，這些都豐富了臺灣的生命力、經
濟力與多元文化。現在很多外籍配偶來了，我們怎麼來看待
她們呢？我們會不會以一個特殊的眼光，以貼標籤的方式，覺
得她是來自落後國家沒有能力的文盲呢？在世界各地，不同的
文化常被層級化，我們會有些尊卑優劣的觀念，這樣的社會產
生這樣子既定的階層想法，而有這樣的想法並不是因為他們人
比較少，以學者專家的研究，通常是「權力運作」與「僵化思
維」下產生的，比如我們看美籍配偶，跟東南亞配偶，通常我

們會以不同的眼光來看待他們，這個就是我們要檢討思考的。我們應該早日讓外籍配偶，融入臺灣社會，學習臺灣文化！基本上，我常聽到社會上，包括對外籍配偶教學的老師，他們說我們應該讓外籍配偶趕快的融入臺灣的社會，學習臺灣的文化，在某些方面，我贊成讓她們適應臺灣的社會，讓她們盡早在這個文化環境和社會裡很自在的生活，然後有她們自己的生活規劃和發展。在很多家庭裡，很多母親，或者媳婦、太太的角色，都跟她們的社會適應好不好有關，我們需要讓他們融入這個地方，但是，在講這句話時，我常常看到說話的那個人，是沒有經過深思的。

我們會不會說，應該讓原住民融入臺灣的、中國的社會跟文化？因為他們就在這裡生長，我們很清楚，我們不會讓原住民放棄他們的文化，放棄他們原來的習俗，同樣的，我們不要忘記了，對外籍配偶來講，她們帶來很多很豐富的東西。美國哈佛大學政治哲學大師羅爾斯說：「正義是社會制度首要的價值」，正義是什麼呢？自由、差異、機會、平等，這是我們可以參考的。邊尼特也認為，多元文化教育是基於民主價值和平等信念。期望在文化多元的社會和互相依賴的世界中，促進文化多元觀的體現，不是文化同化或者文化融合。它並不是一個文化融合，我們要求的是多元文化在這個社會裡面，都可以被看見，被尊重，是彼此互相尊重，共生共榮。

新移民來自另一個文化圈，帶來多元豐富的語言、文化、歷史和風俗習慣。有一天，我在公東高工附近的一間越南文化麵店吃飯，不是越南文化麵店，是越南麵店吃飯，那是我們的

姐妹經營的。然後我看到有四位教育系大三的同學進來，他們看到我說：欸，老師你怎麼在這裡？我說你們怎麼會來這裡？他說有學長告訴他們這一家麵店很好吃。我說你知道他們是賣什麼嗎？他知道啊，賣越南麵啊。在臺灣很多地方你可以看到這種各國多元文化的呈現，我也很喜歡吃越南美食！我覺得它很健康，很少油，常常有很多辣的，涼拌的食物，非常適合很熱的臺東，這就是我們多元的民族，多元的社會現象，它豐富了臺灣的生活。

　　臺灣是人口移入的國家，已經不是單一民族，所以我們應該要學習如何尊重族群差異。基本上整個臺灣社會，最不安定的情況就是我們選舉時發生，有各個族群議題的炒作，我們要學習讓多元文化成為臺灣社會的活水，而不是一個阻礙前進的力量。這是一篇《國語日報》的例子，他寫什麼呢？他說，臺北市武功國小的小朋友，他們訪問了同學的媽媽，陳清蘭，她來自馬來西亞，訪問過程中，憶柔和韋潔很佩服清蘭阿姨，因為清蘭阿姨她會說馬來話、國語、英語、廣東話和客家話。嘉耘說，原來清蘭阿姨小時候也玩丟沙包、跳繩、跳格子，和我們很像。清蘭阿姨從民國七十二年就來到臺灣，比我們活在臺灣還要久呢！我們可以看得到小朋友，對同學來自馬來西亞的媽媽，非常佩服。可見臺灣社會，對外籍配偶我們不必用同情或特別的眼光看，我們可以用平等、尊重、雙向、共生的原則互動，發展出有創意的多元文化。

　　對在地社會的建議，我們可以跳出「我是中心」的思維，重新看見這塊土地文化的多樣性，對於如何落實我們的文化議

題？我們可以參考學者專家的建議。政府可以怎麼做呢？也許我們可以從支持少數民族語言報紙、廣播電臺、電視臺等等開始，像我們的協會，我們會訂很多東南亞的報紙，我們會把越南的報紙寄給越南的學員，印尼的報紙寄給印尼的學員。然後可以想像，我在韓國留學時非常期待，海外版的《中央日報》，雖然是一個禮拜以後才收到，但因為是中文的報紙，報導了國內的訊息，這些都是我們可以努力的方向。也可以支持少數民族假日、節日活動，我們可以看到在地有萬聖節戴面具的活動，文化局辦這類活動，也是多元文化的一種。我們的外籍配偶族群來自東南亞國家，他們也有潑水節啊，各種的文化節其實都可以去推動，讓在地的人也能看得到。所以多元文化應該不是只有主流文化，主流的社會文化應該還包括所有在地母親的國家文化，我們應該讓在地的國民對不同民族文化尊重、理解跟回應，然後，當我們正面的看待所有媽媽的文化時，這批新臺灣之子，他們才會得到自我的認同，才能夠找到自己的定位。我舉個例子，有一個泰國媽媽的小孩，他在臺北的一所學校，有一天他的班級的老師跟這個泰國的孩子說，請你媽媽到我們的班級來，老師要跟你媽媽說話，然後這個泰國的小孩，會怎麼樣呢？他隔天就沒有來上課了，結果一個禮拜之後就轉學了，為什麼會有這樣的現象呢？小孩子心裡不安，他媽媽跟別人長得不一樣，不會講這裏很純正的話，覺得有自卑感，他覺得不受認同，因為這樣子的負擔，他轉學了社會是不是應該正視，我們提供這樣的環境帶給他們的感受。然後我們每一個老師，是不是可以注意這樣的現象？多元種族的融合

已經是未來的趨勢，我們不能逃避，引導民眾對不同民族文化的理解、尊重跟回應，建立正面的自我認同，以及合宜的族群互動技巧，這都是應該努力實踐的。

六、姊姊妹妹站起來

臺灣新住民，她們不是過客，她們跟她的子女，正努力學習在地的中文和文化，希望在這塊土地上落腳生根，她們並不是有機會就會逃跑，有機會就會回去，她們希望好好的在這塊土地上生活。這是我常常聽到我們的同學所講得話：「我來臺灣已經兩年多，會聽也會說，我也會說臺語喔！可是我不認識字，出去買東西不會看」，「我來臺灣很多年了，聽和說都不是問題，可是我不會認字，出去時街上的招牌都看不懂；現在小孩上二年級了，他的功課我不會看，聯絡簿也看不懂，所以沒辦法教小孩功課！」所以，我們的社會是不是提供這些機會給新移民，去學習識字等等。「老師！拜託！要多教我們一點喔！我們真的很想學，要辛苦老師了！」

我們的嘗試規劃語文識字類的學習，還有親職教養類的活動所有的活動，同時都會提供給孩子參與，由老師來帶他們，我們很歡迎東大的同學來當志工！可以在那裡做一些學習體驗。例如「氣球好好玩」，這個是親子的氣球造型課程，還有「越南媽媽說故事」，其中有投桃報李的越南傳統民間故事。接下來是「我們的孩子」，我們來自越南的小朋友，媽媽是越南姐妹的小朋友，他說掉牙齒了怎麼辦？他告訴我們世界各地

的社會，對牙齒掉的處理方式都不一樣，很好玩吶！另外還有
「個人成長臺語班」和「機車考照班」，這是她們最需要的。
有一些活動設計會讓我們的姐妹擔任講師，教我們在地的
媽媽，怎麼子做泰國木瓜絲泡菜，怎麼樣做一些多元文化
的料理。

我們從九三年、九四年、九五年，每年都會規劃讓在地的
鄉親認識多元文化的活動，其中一定有外籍配偶多元文化。這
張相片是我們在討論今年的多元文化方案要做什麼，我蒐集一
些多元文化的東西，我們就開始腦力激盪。

至於我們教什麼，有勞委會為我們舉辦的丙級廚師證照，
受了這個訓練以後，有八位學員就拿到丙級證照，希望對她們
就業有幫助。另外有親子活動，才藝活動，例如我們的阮玉英
學員，她擔任串珠教學，很不錯也很厲害。教授在地文化的講
師有華語系的秀霞老師，由她擔任講授在地的一些民俗文化，
比如像我們拜拜時，要注意什麼事，還有整個儀式的流程，我
們燒冥紙，我自己都搞不清楚，但是我們用投影片協助教學，
讓我們的外籍配偶姐妹可以清楚了解。

這是上一次越南社會科學院有五位學者來我們東大訪問，
歲末聯歡時，因為我們東大沒有人會講越南語，我們就找了玉
鳳組長來幫我們翻譯。在座有十三位博士，然後我們玉鳳組長
那一次翻譯的非常好。這幾位是我們的學員，而這應該是在文
化局借的場地，是跟越南社會科學院的學者對談，在那一次的
對談裡，我收到的訊息是他們告訴我：傅老師，我們很感動，
在越南，我們對臺灣人到越南去找太太的現象，是不以為然

的，是撻伐的，然後整個社會的訊息告訴他們，他們的國民來到這裡，其實是受到非常不好的對待。但是，在我們的姐妹跟他們對談以後，他們可以看到臺灣政府的努力，臺灣社會對彼此互相體諒的溫暖，所以，他們說他們回去要好好的把他們的所見所聞帶給越南社會分享。

我們隨時都會到鄉鎮去做一些座談，還有做一些教育輔導，像這一個月內，就去了三間學校，去學校跟學校的所有的老師分享多元文化的議題。這個是上個禮拜，其實在座的我們幾位姐妹都有去，在新生國小一、二、三、四年級的多元文化活動裡面，我們姐妹擔任講師，這位講師是玉鳳。

我們還有鄉鎮志工培訓，我來問一下大家知不知道這是來自那一個國家的姐妹？猜一下，從她們的服飾看，這是來自哪一國？越南。對！主任答對了。然後，這兩位是那一個國家？大聲一點，印尼，對了。請問這一位是來自那裡？柬埔寨。這兩位應該比較明顯是來自那裡？泰國。這一位呢？從服飾去猜，菲律賓，OK，那這是來自各國的姐妹。我們有一個這樣的學習，就是認識我們臺東的新移民，這些認真生活的新住民。

這個是外籍配偶協會目前在更生路六百六十號，協會正在招募志工，歡迎大家來參與我們跟新住民一起的學習活動。不管你是新住民、舊住民，生活在一個多宗教、多種文化、多種種族的臺灣，尊重文化的多元，可以促進每一個人發展、生活更有幸福感、安全感，更有利於促進臺灣的安定團結、社會進步。真心真意的接納，疼惜我們的在地新移民，臺東媳婦、妻子、媽媽、朋友！讓我們與新移民共同努力，架構出讓這塊土地

上，所有新舊住民都能自在、快樂、學習、成長的、豐富多彩的多元文化社會！我今天跟大家分享就到這裡。

七、結語：當我們同在一起

接下來，我們要請我們的外籍配偶新住民來跟大家分享多元文化這個議題，我們以熱烈的掌聲歡迎他們！我們的學員為了要很誠懇的來到這裡跟大家分享，她們穿了她們的國服，我們今天講得是多元文化，國服是一個文化的具現，我們非常感謝她們，在這個機會跟大家見面。她們要帶給大家的是，越南媽媽說越南傳統民間故事，大家一定跟我以前一樣，沒有聽過越南故事，在她們講故事之前，我們先請她們簡單的自我介紹一下，先請玉鳳先來好嗎？

玉鳳：好，傅老師，在場的貴賓，所有的同學大家好，我來自越南，我來臺灣已經十年了，有三個小朋友，今天很高興傅老師來這邊分享，帶給大家我們越南的文化，希望大家喜歡，然後，我們也會帶來一篇越南故事給大家聽，謝謝。

傅老師：玉鳳是去年才在臺灣教育部長外籍配偶學習獎的得獎人，她是一個學習的典範，他的小孩成績都第一名，是非常成功的一個好媽媽，接下來我們請玉水。

玉水：傅老師，各位同學大家好，我是越南人，我名字叫阮玉水，我來臺灣十年了。

傅老師：好，謝謝玉水。然後這位是我們的組長，也是去年全臺灣外籍配偶學習入選者，她開了一間越南生活館，提供

一些越南來的新移民生活用品，是一個很熱心的姐妹，帶領之後來的外籍配偶姐妹適應在地的環境與生活，十分感謝她。

胡玉阮：傅老師，在座的各位同學大家好，我名字叫胡玉阮，我是玉鳳的親妹妹，我也來自越南的，我來臺灣快七年了，謝謝。

傅老師：玉阮她幫忙家裡做農事，她跟先生一起做，是家裡主要的經濟支柱，她也是第一屆的模範婆媳得獎人。再來是玉青。

玉青：傅老師，各位同學午安，我來自越南，我名字叫做李氏玉青，我來這裡有十年了，謝謝。

傅老師：好，玉青家裡也是在做農，非常勤奮，常常看她匆匆忙忙的來協會上課，不放過協會所有可以學習的課程。她的小孩好厲害，上次聽她小孩用閩南語講故事，讓我非常的訝異，可以講得那麼好，得到全縣的第二名。好，這是玉青，一個成功的媽媽。接下來是金惠。

何金惠：老師，還有在座的各位同學大家好，我來自越南，我的名字叫何金惠，我來臺灣快十年了，我有兩個小孩，謝謝。

傅老師：好，謝謝金惠。金惠也是去年全國的教育部長獎的學習獎得獎人，是一個非常成功的媽媽，家裡也是務農。好，接下來我們以熱烈的掌聲歡迎他帶來的越南傳統民間故事，「投桃報銀」：

很久以前，在越南有一戶很有錢的人家，生了兩個兒子，有一天這位很有錢的老爺死了，他把他所有財產留給他兩個兒

子。哥哥是個很貪心的人，弟弟則是個忠厚老實人，這一天哥哥對弟弟說：我告訴你，現在爸爸死了，我只給你一間破舊的茅草屋和一棵楊桃樹，其他的財產都是我的了，哈哈哈。

弟弟很勤勞很老實，他很用心照顧這一棵楊桃樹。有一天，有一隻大鳥，飛到這棵楊桃樹上，開始吃起上面的楊桃，吃呀吃，吃呀吃，吃飽了，這隻大鳥就飛走了。到了第二天，大鳥又飛回來了，又開始吃起樹上的楊桃，吃完之後就飛走了。到了第三天，這隻大鳥還是一樣飛到楊桃樹上，準備要開始吃起楊桃時，弟弟終於忍不住哀求大鳥說：大鳥呀大鳥，我所有的財產就只剩下這棵楊桃樹，我是靠樹上的楊桃維生的，如果你把我的楊桃都吃光了，你要我怎麼辦呢？大鳥聽了弟弟的話之後，什麼話也沒說就飛走了。

隔天，大鳥依舊飛回楊桃樹上來，繼續吃著楊桃，弟弟看見了，又苦苦哀求大鳥說：大鳥呀大鳥，求求你別再吃我的楊桃了，我快要活不下去。大鳥說：好心人，好心人，投桃報銀，請你準備好三吋的袋子，我會帶你到金銀島。弟弟半信半疑，聽聽就算了，不以為意，過了一天，大鳥來了，大鳥吃完楊桃後又跟弟弟說：好心人，好心人，投桃報銀，請你準備好三吋的袋子，我會帶你到金銀島。到了隔天，大鳥真的又來了，弟弟半信半疑的準備三吋的袋子，大鳥說：你到我的背上來吧，於是弟弟跨上大鳥的背，大鳥就「咻」一下飛到了天空，飛呀飛，飛呀飛，飛到了一座島上，哇！這個島上有好多的金銀珠寶喔！真是金光閃閃吶！大鳥說：你趕快把金銀珠寶裝到你的袋子吧！弟弟把金銀珠寶裝進袋子後，就坐在大鳥的背上飛回來了。

　　滿袋的金銀珠寶究竟有多少呢？弟弟就跑去跟哥哥借秤子，在跟哥哥借秤子時，哥哥心裡想：弟弟是個窮光蛋，他會用秤子來秤些什麼東西呢？於是哥哥就在秤子底下塗上一層油，當弟弟把秤子還給哥哥的時候，秤子下面就黏了一枚金幣，哥哥看了馬上跑去找弟弟。哥哥說：你的金幣那裡來的呢？老實的弟弟告訴了哥哥金銀島的事情。哥哥說：我把所有的財產跟你換一棵楊桃樹好不好？弟弟：好啊！於是哥哥開始假裝非常的認真照顧那棵楊桃樹，過了幾天，大鳥果然又來吃樹上的楊桃了，大鳥也是一樣跟哥哥說：好心人，好心人，投桃報銀，請你準備好三吋的袋子，我會帶你到金銀島。

　　貪心的哥哥很高興，他就帶了十二吋的袋子，然後一樣跨到大鳥的背上，大鳥果真也把哥哥帶到了金銀島，到了島上，哥哥：哇！怎麼那麼多的金銀珠寶！我一定要裝好多好多的金銀珠寶帶回家。於是哥哥就拼命裝，拼命裝，不但把十二吋的袋子裝得滿滿的，甚至在自己的衣服裡也塞滿了金銀珠寶，把自己塞成一個大胖子之後，就跟大鳥說：我們回去吧，我的袋子跟衣服都已經塞滿了金銀珠寶了。

　　於是大鳥就開始飛了，剛開始飛時，因為太重了，所以飛不高，大鳥就對哥哥說：你把一些金銀珠寶丟下吧！因為我真的載不動了！哥哥：我才不要呢，我要把全部的金銀珠寶帶回家！過了一會兒，大鳥實在載不動了，哥哥「撲通」就掉到大海裡面去了。

　　投桃抱銀的故事說完了，謝謝大家。

　　謝謝這五位姐妹，來自越南的新移民跟我們分享的這個故事，十分感謝她們。

　　不曉得大家，有沒有想過，如果像我們的姐妹，來臺灣七、八年，學了七、八年的國語，來到大學講堂，跟大學生來分享，你們學了六、七年的英語，我不曉得你們有沒有能力到英國大學的講堂，用英語來跟所有的學生分享？其實他們的努力，可以想像，還有剛剛玉阮跟大家的分享，很簡單的一個問題，其實問出我們很多人心裡的問題，我們很謝謝這位同學的問題。我們姐妹的回應其實是很誠實的。是的，我們有一些是為錢，我們人生在很多奮鬥的目標裡面，其實怎麼樣求取更好的生活，相信是很多人努力的目標，我們自己也會朝我們的目標前進，我們可以看得到她們在這裡非常的努力，怎麼樣為自己為家庭，怎麼樣創造出更好的明天。其實機會難得喔！

（文字整理：李佳真）

講 者

布拉瑞揚‧帕格勒法

現 職

拉芳‧LAFA舞團 藝術總監／編舞家

學 歷

國立臺北藝術大學舞蹈系

作 品

「死亡花朵」、「心欲」、「祖靈紋祭」、「無顏」、「肉身彌撒」、「UMA」、「百合」、「電玩@武.com」、「星期一下午2:10」、「預見」、「將盡」、親子舞劇系列「人魚的願望」及「怪怪胡桃鉗」、「美麗島」、「37 Arts」、「Song V」、「單人房」等

從臺東出發，向世界邁進

一、前言

現代舞對一般人而言可能較為遙遠，是一種略微抽象、難以理解，且藝術性較為高的表演。觀眾往往背負太多包袱和承受過多壓力，而無法純粹的欣賞藝術。其實，對於藝術的呈現或演出，首重的不是如何去看，而是感受到什麼。觀眾並不需要真正理解為何編舞者對於這舞蹈的安排和佈局，也無須刻意揣測編舞者所要表達的意思或想傳達的理念，相反的，只需要放鬆身心，將自己置身在這場音樂和舞蹈之中，感受內心的感受。

二、我的舞蹈夢

在我還小的時候，就立志要當一名舞者，對我生長的香蘭部落而言，舞蹈只是生活的一部分，根本不為族人所重視，就連父母也不贊同我想法，但我還是毅然決然要踏入舞蹈的領域。在大王國中畢業後，我瞞著父母報考了左營高中舞蹈班。

　　成為一名舞者，畢竟是我的夢想，儘管這條路走來實在艱辛。從小在山上部落生長的我，即使是臺東的路名也不甚熟稔，更別說之後離家學舞，身處在異鄉的高雄。面對這個新環境，讓我的認知產生很大的衝擊。我眼前身處的世界，和我熟悉的部落有著極大的差異，我也由此才真切的感受到原住民身分之於我的意義。生活中難免要面對他人的眼光，這多半起因於我的山地國語與膚色。我知道學長姐們並沒有惡意，只是覺得好玩，但我對這種無傷的玩笑，確實也很難忘懷。

　　不只因為我是原住民，也因為我並沒有接受過正規的舞蹈訓練，所以整個生活與學習的經驗是很辛苦的。回想當年，我每個禮拜從高雄返家或返校的路上，都是在淚眼婆娑中與家人聚散離別。即使如此，我也絲毫不後悔當初的選擇，從離開部落，到考進左營高中，之後念臺北藝術大學，畢業後加入雲門，再轉戰紐約，如今成立拉芳舞團。跳舞始終是我很甘願做的一件事，雖然很辛苦，但我相信只要堅持下去，夢總有實現的一天。

三、作品分享

（一）預見

　　這是我在2005年完成的作品。最初的發想，是我在2004年隨舞團前往突尼西亞的車程中，從沿路一望無際的橄欖樹林裏，瞥見其中藍白破舊房舍裡的老人和小孩……，這幅場景，

當下讓我想到了臺東的部落。大家可以從舞作中看到，我們利用舞臺燈光的改變表現時間的流轉，時間從中午到太陽西下，乃至黃昏降臨，時間的流動，構成我在這部作品中特別關注的一個面向。舞蹈片段中的「頭髮舞」也能讓人聯想到臺東的達悟族，而舞者不停地重覆相似的動作，其實也象徵著人生不斷地重複、週而復始的生活。

（二）將盡

　　這是我2006年完成的作品。這作品對我而言極具意義，因為創作期間，一位對我很重要的羅曼菲老師，離開了人世。羅老師是第一位看出我有編舞潛力，並鼓勵我去參加「亞洲青年藝術節」的師長。由於老師當時身體的狀況，我曾為此一度中斷編舞的工作，最後還是完成它，打算把這支舞當作禮物，送給在天上的曼菲老師。

　　在這個作品中，讓我更深刻思考的課題是：動作是從何而來，才能直接傳達給觀眾？這支舞在編舞的過程中，我藉由舞者他們自身的體驗和感受，將其個人不同的肢體意義與創造，編排消化融合成一體，呈現在舞臺上。「將盡」這支舞，可以說是所有人和我共同的創作，確實是獻給曼菲老師最好的禮物，因為作品從分享與承擔開始，進而尋找動作。這支舞碼也是我們有始以來的表演中，沒有在第一時間聽到掌聲，直到舞者們在第三次鞠躬謝幕時，才聽到臺下的掌聲。我這時才發現，這樣的觀眾反應方是正確，因為這支舞，就如同一場告別式，我們在與人道別時，又怎麼會鼓掌呢？正因為讓觀眾感受

到了其中的氛圍，所以我們才會遲遲聽不到掌聲在我們「預期」的期待中響起。

（三）37arts

這是一支大家比較能夠接受、理解，並且也是以較輕鬆詼諧的方式，表現「習舞」的甘苦。我希望藉著這支舞碼，讓觀眾重新認識現代舞。因為有時所謂的「感受」是很難言喻的，重要的是當下內心所有的感動，觀眾能不能被舞者吸引出來。舞臺上雖有十六個舞者，但每個舞者透過不同的特性，從不同的特質中發展其個性，才能看到十六個不同的面向，帶給觀眾不同的感受和啟發。對我來說，藝術本就是個大玩創意的嘗試，從中尋找能夠與觀眾產生共鳴的元素。以手邊所有的素材，作為藝術創造的沃土。

（四）美麗島

我與胡德夫合作創作《美麗島》的舞作，是以胡德夫現場彈唱〈美麗的稻穗〉、〈大武山美麗的媽媽〉等五首名曲，配合舞者的演出一體呈現。這個作品無關乎政治，特別是〈美麗島〉這首歌在傳唱時，也尚未發生「美麗島事件」。這支舞在很大的程度上，是在傳達我個人對胡德夫老師的讚誦，也是每個人對這塊土地曾有的美好年代的懷念。特別是對我這個離開部落的青年來說，在鄉愁和自己的夢想之間，永遠有一條無形的紐帶，牽引著我們生命中的離開與歸來。

四、小結

舞蹈並沒有想像中難懂，現代舞或許在一般人看來真的過於抽象，但作為一個創作者若能將舞蹈化為生活中的一部分，將生活和生命經驗互相連結，有些人或許透過畫面並不是很了解其中所要表達的意義或者意境，但因為生命中曾有的經驗，會讓觀眾產生共鳴，進而能有所感受。相對而言，編舞的結構就顯得不是那麼重要了。我希望能有更多人進劇場，只有進了劇場才能感受到其中的氛圍，感覺表演者與觀眾共同的呼吸狀態。而表演藝術其實沒有這麼嚴肅，感受才是最重要的。

（文字整理：蔡佳津）

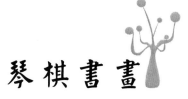

琴棋書畫

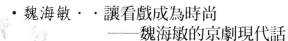

劉振祥 攝

講　者
魏海敏

現　職

國立國光劇團主要演員、當代傳奇劇場主要演員、魏海敏京劇藝術文
教基金會、中華民國國劇協會負責人

經　歷

2008年第19屆金曲獎──最佳傳統音樂詮釋獎、2007年國家文藝獎、
1996年梅花獎、1996年世界十大傑出青年獎、1993年亞洲最傑出藝
人獎

專　長

擅演京劇劇目──穆桂英掛帥、玉堂春、貴妃醉酒、霸王別姬、宇宙
鋒、西施、洛神、鳳還巢、天女散花、生死恨、白蛇傳、岳飛夫人、
梁紅玉、花木蘭……等梅派戲；狀元媒、秦香蓮、二進宮、八義圖等
張派戲；王熙鳳大鬧寧國府、金玉奴、紅娘等荀派戲；鎖麟囊等程派
戲；謝瑤環、三打陶三春、梁祝、無限江山、龍女牧羊、媽祖等新編
戲。當代傳奇劇場──樓蘭女、慾望城國、王子復仇記、奧瑞斯提亞
等戲。魏海敏古典劇場、國光劇團等戲

讓看戲成為時尚
——魏海敏的京劇現代話

一、前言

現在看戲已成為一種時尚。自從中國戲曲慢慢來到臺灣，從以前「看崑曲」的情況，就可看出當時候的文明狀況和流行娛樂。特別是京劇的出現，在崑曲之後成為了一個熱門的劇種。而「京劇」原是為了給皇帝祝壽，「徽班」是從安徽請來北京表演的戲班子，當時共有四個戲班雀屏中選，進入皇宮表演給皇帝看。徽班擅於演戲，之後他們長居在北京，與擅於公關的漢班合作，自此演出的「徽劇」也改稱為「京劇」。

二、京劇取代崑曲

崑曲的發展因為年代久遠，又受朝廷之命有所限制，例如：女人不可看戲、演戲；戲曲內容不能過於腥羶色……等，因此貴族們便紛紛在自家成立戲班，讓崑曲和一般百姓的生活

愈來愈遠。一旦當內容貼近民眾、戲曲簡單、聲腔高低多變的「京劇」出現，並且受到人民的歡迎，崑曲就漸漸沒落了。

　　進入民國時期，藝術受到封建時代的影響，主要是以男人擔任主角，而女性角色多偏為負面形象。1927年《順天時報》讓觀眾票選出四大名旦——梅蘭芳、尚小雲、荀慧生、程硯秋，其中票選特別強調的條件為新扮相、新舞臺、新戲碼，此時的男角——梅蘭芳便脫穎而出，甚至至死都還繼續在創造新戲，如〈貴妃醉酒〉、〈西施〉、〈洛神〉和〈霸王別姬〉……等。

三、京劇的五大特色

（一）空無一物的舞臺

　　京劇的舞臺上，只需簡單的道具，一桌四椅、三桌六椅等。而戲服則是以明朝的飾樣為樣本，貫穿時代。服裝上的刺繡能夠突顯其身家高低，用衣服來表示其地位，而刺繡的圖樣以花卉、龍、虎、鳳居多。舞臺的色彩則以重彩如大紅、大紫；下午色如青黃和青綠為主。交通工具則以馬、轎居多，以在場上繞一圈為一個轉場。由於都是快速換場，所以也無須布幕，臺上只要有演員，就會有畫面。

（二）生、旦、淨、丑的分類

　　把每個人依其形象做不同的分類，其中生、淨、丑多為男生扮演。

生分為老生、小生和武生。老生主要是戴鬍子，以穩重、博學為其特色；小生則是年紀較輕，以唇紅齒白的書生樣為其特色；武生著重於武功的展現，唱腔、對白相對而言比較不重要。淨則裝扮成大花臉，以表示男性的粗獷，像是項羽、岳飛之類的歷史人物，淨又有文淨和武淨兩種分類。丑也分成文丑和武丑。

旦則為女性扮演，又稱青衣，旦是年輕女子，以表情和動作取勝；刀馬旦以武功取勝；彩旦則為三八婆、三姑六婆的女性，這些大多是由男演員反串，因此在表演上也比較無所顧忌。

除了演出者本身的年齡限制其角色的扮相外，一齣戲也得要平均搭配，角色分配也因而有所不同。

（三）誇張美化的表演

以淋漓盡致為目標。

（四）美觀具像的臉譜

根據劇中的年齡、扮相、角色而有所不同。

（五）伸縮自如的劇本

以演員為主，劇情內容不需曲折。

四、四功五法

　　傳統戲曲表演其背後的努力，不是常人所能想像，演員們從小就要接受「四功五法」的訓嚴格練，範圍涵蓋肢體、聲音與綜合式的表演訓練。

　　四功是指唱、唸、做、打等各種表演技巧，通過這些技巧來塑造出各種性格及類型的藝術形象。而五法則是手、口、眼、身、步，演員的每一舉手投足間，甚至一個眼神都很講究，不僅要切合人物的身份，更要兼具美感。而唸白主要是用聲音來塑造角色，以胡廣韻為主。今白多為市井小民和關外民族，武戲的塑造則是做到一半的停格，讓人有喘息的空間。

五、小結

　　一齣戲，往往因著不同的角色、人物，或者是服裝，而有不同的創作空間，這不僅是演員們對於自己表演上的挑戰，也是帶給觀眾另類的視覺及聽覺的感受。

講 者

曾道雄

現　職

國立臺灣師範大學音樂系退休教授

學　歷

西班牙馬德里皇家音樂院畢業

國立臺灣師範大學音樂系

專　長

男中音、指揮、歌劇導演

歌劇藝術賞析

一、引言

　　首先，我要向各位恭喜有這麼好的學習環境，這裡有青山綠水，很好的軟硬體設備和師資，你們真的是天之驕子。回想在半個世紀以前，我們的教與學都是在很破的倉庫裡磨練累積出來的，所以，我認為，社會環境再好，最後還是要看人的努力。我們這門課雖然是通識課程，卻很重要，因為不論是各行各業到政治人物或是一般老百姓，只要具備一定的人文素養，做甚麼事情都能達到很高的境界。要期待大家能走到金字塔的頂端，基礎要先打好才能達到，而那個頂端就是由人文藝術促成的，就算科技再怎麼日新月異，如果沒有相映的人文涵養相匹配，無論是個人或整體社會的發展，還是會有所欠缺。

二、歌劇的藝術性

　　現在先來談談歌劇的藝術性，歌劇顧名思義就是有歌有劇，有唱歌有演戲，透過音樂，尤其透過歌唱的形式來展現一

個戲劇。如果是普通的戲劇或舞臺劇，一樣有音樂，可是音樂在其中可能就是配樂而已，或者像莎士比亞的劇作，突然有幾個人唱了歌，那就是一個舞臺演出。歌劇則剛好相反，歌劇是以音樂為主體，音樂裡有很多戲劇的密碼，你要從音樂中把它解出來。很多作曲家選用甚麼樂器，都有他的道理，它就像是「名可名，非常名」，它沒有跟你說這就是什麼，但是導演也好，歌唱家也好，就是要透過它的音樂形式將它展現出來。

為什麼歌劇裡頭最核心的價值是在音樂呢？像你買CD，茶花女、蝴蝶夫人等，也沒有看到影像，只有聽，可是你會欣賞，為什麼？因為音樂已經很豐富的在那兒了。我們做舞臺戲劇的表演是在把它具象化、形象化把它展現出來，劇場導演不一定會弄歌劇，因為他看不懂五線譜，所以這樣很難處理，現在臺灣也好、外國也好，有一個很壞很糟糕的情況，就是看不懂譜的人來弄，他不知道其中的音樂性，所以就捨棄一些有關音樂技巧的東西，就等於你不會看紅綠燈卻在那邊指揮交通。

三、《茶花女》的歌劇特色

各位知道小仲馬寫過一個茶花女，甚麼是茶花女？茶花女是一個小仲馬的名著，可是我們在一個歌劇、一個晚上，不可能把一部名著全部展現出來，所以我們就把裡面中拿一段一段出來用。茶花女是一個歡場的女孩子，可是她很漂亮，行為比較墮落，所以她的生活、身體是可以交易的，所以有人給她錢，她就可以跟個富商在一起多久，一起生活，在現實的道德

上她是比較靡爛的，不是道德可以規範的，可是小仲馬寫到，即使這樣她的內心還是很高貴，所以第一場她說男人跟她在一起的時候好像沒有用真的感情，看的只是她的美貌，可是當她碰到一個年輕人時，談了姐弟戀，但她覺得這年輕人對她有真感情，所以她把她的真心放出來，他們感情上有一種交流，真正的獻出她的愛，可是年輕人的爸爸就來啦！他說：我的兒子因為你甚麼東西全部都沒有了，你離開他吧！所以茶花女很高貴得離開，不告而別，由於年輕人的家是從普羅旺斯來的，是個名門，像現在的小開，他的爸爸說：我女兒要嫁了，但是她的哥哥跟你在一起，家族會蒙羞，對方可能就不娶我的女兒，只是因為她的哥哥跟你在一起，就聲名狼藉。所以茶花女她就離開，但年輕人不會諒解她為什麼又回去找那些男爵，所以他要去報仇，他在一個大場的宴會遇見她，就羞辱她，他說：我以前都用妳這女人的錢，現在我賭博贏了把它全部還妳，以此要污辱她。她要忍受這個東西，因為其實是他爸爸叫她離開的。所以當茶花女得了肺癆，到了第三期性命垂危之際，父親跟他兒子說，是我叫她要離開你的，然後年輕人就回到她身邊，抱著她，但她已經奄奄一息，最後死在他的懷裡是很漂亮的一幕。

所以，我們戲怎麼做？第一幕是大場面，他們兩個邂逅，第一次看到他們兩個愛情變成火花，第二幕是他們兩個相居到巴黎的近郊，第三幕因為她離開他，所以他去參加朋友的晚宴，裡面有鬥牛士的舞蹈，是大場面，最後一幕就是她快要死了，年輕人知道趕緊回來，兩人緊緊相擁，非常非常痛苦，到最後她講：上帝，祢為甚麼叫我這麼年輕就死去？年輕人說：

如果祢不能憐憫我們兩個人，那給我準備一個大大的棺材，讓我們兩個死能同穴。這些話都很動人。

四、聲情並茂的歌劇演出

所以《茶花女》這齣戲，從小仲馬的小說要把它轉為一個歌劇的劇本，歌劇的劇本跟普通的劇本很不一樣，它必須是要能唱的，要能說也能唱，然後它第一個場面就是很大的場面，第二個場面就是他們相居在外頭，然後爸爸叫她離開，離開的時候年輕人並不在，他去變賣東西，第三個場又是大場面，她在宴會遇到年輕人，被他羞辱，第四個場面就是小的場面。所以劇作家就安排大場面、小場面、大場面、小場面，看一段小場面，就是他們兩個相居在巴黎近郊，年輕人知道他用的錢都是茶花女的錢，他不好意思，就去賣東西，這時候他爸爸來訪，但是他不在，那我們來看看音樂裡面有多少的戲劇密碼。男主角的爸爸是個男中音，茶花女是女高音，女高音很難唱，因為前面要唱抒情，然後要唱一點花腔，最後要唱戲劇，所以找到一個完美的茶花女是很難的一件事。

我本身不太喜歡看字幕，今天你來看歌劇，沒有人是要叫你來讀劇本的，可是不看劇本又不行，因為不知道在做甚麼，所以這是魚與熊掌。我在做一些歌劇時，像是歌德浮士德，我就用五個晚上，兩晚有字幕，三個晚上沒字幕，有人就來看兩次，但是後來我還是使用中文，故事講的是動人的愛情，超越了仇恨，政治人物就要信守承諾，只要你發了誓，不管對神、對人或對物，

你都要做到。歌劇必須要有劇本，這個劇本可能從原著、神話、傳說出來，可能用現代社會或是歷史故事，都可以，但是你把它改編成劇本之後，必須要能唱，因為裡面還要處理對白。

各系的同學，我希望你們喜歡藝術時，你只要喜歡、有興趣，它會帶你進入另外一個境界，你也可以帶領你的朋友、家庭走入音樂的殿堂，那是無限的財富在等待著你，例如費加洛婚禮，法文講的就是主人的初夜權，在貴族時期，僕人或是佃農的女兒要結婚，第一個晚上要獻給主人，第二個晚上新郎才能進來，所以新郎來時，新娘已經在第一個晚上獻給主人了，所以法國大革命才會對貴族的行為做出批判。語些都是藝術偉大不朽之處。

五、小結

雖然男人沒有生過小孩，但是我相信看自己導演出來的歌劇的那種感覺，就像是男人生出小孩那樣的滿足，我的意思是，創作出一個作品就像生過一個小孩，把感動力做出來了。而我覺得有不同的欣賞角度才是藝術的趣味，因為有不同的東西進來，慢慢的，你會有批判的精神，到最後以意思的本身做為依歸，你可以從知性來，你可以從感性來，我做了導演，你看了我的導演，但也許你有更好的動作，可是最後藝術的真、善、美是大家都可以同意的。我建議觀劇之前先把資料看清楚，好比故事或是文史背景，這樣批判的時候會更嚴謹，更言之有物。

（文字整理：蔡佳津）

講 者

莊坤良

現 職

國立臺灣師範大學英語學系教授兼國際事務處處長

學 歷

美國南加州大學英美文學博士

專 長

後殖民論述、亞美文學、喬伊斯研究、愛爾蘭文學、文化翻譯研究

戀戀都柏林
——喬伊斯的愛爾蘭情結

一、前言

　　愛爾蘭位於英國西邊和臺灣一樣都是一座島嶼，臺灣有福爾摩沙的美稱，而愛爾蘭人則自稱為翡翠島。在很多歷史情結上，愛爾蘭跟臺灣有著相似處，像北爾蘭並不屬於愛爾蘭，而是歸英國所管。也就是說，愛爾蘭是由一個島切割成兩部份，因此愛爾蘭宗教、族群、及文化間的衝突，和臺灣的處境相較，應是有過之而無不及，而愛爾蘭雖只有四百萬人口，但是人文薈萃，出了四位諾貝爾獎得主。即使一些沒有得獎的文學大家，也不見得遜色，是個擁有很多作家、人文豐沛的島嶼。

二、愛爾蘭的歷史

　　四世紀和五世紀愛爾蘭基督化後在愛爾蘭形成了由修道院、傳道士和王國組成的文化。但隨著維京人的入侵這個文化受到衝擊。1169年和1171年諾曼人佔領愛爾蘭，英格蘭開始在

愛爾蘭的文化和政治中占支配作用，也是英國勢力進入的關鍵時期。但到1609年為止，愛爾蘭仍然是由許多王國組成的，直到1609年英格蘭才完全佔領愛爾蘭。

在1800年戰亂期間，愛爾蘭被劃歸為英國的領地。在政治和武力鬥爭後，1921年，愛爾蘭島南部的二十六個郡從英國獨立，一直至1922年愛爾蘭才宣佈脫離英國而獨立。1949年愛爾蘭共和國成立，北部的其他郡依然是聯合王國的一部分，從1972年至今北愛爾蘭從來沒有和平過。1973年愛爾蘭加入歐盟，1991年由女性當選總統，直至今日仍是女性當家。愛爾蘭自1990年代起，則在經濟上有著突飛猛進的發展。

然而北愛爾蘭的天主教徒和新教徒之間的爭執，至今仍未能找到解決之道。從1960年代開始這個爭執持續惡化，到今天這依然是愛爾蘭內部與英國在外交關係上，一個懸而未決的難題。

三、愛國情結

愛國家的方法有兩種。一為正面歌頌，另一為反面批判。

Yeats是藉由歌頌自己國家豐沛的人文與悠久的歷史，以建立自己的文化認同。他所成立的ACT2劇場，是專門演出歌頌愛爾蘭文化的愛國劇，口號為De－Anglicizing for Ireland，主張去英國化，提出恢復母語運動，將人民內心強烈的渴望湧現於前，無不是希望能脫離英國的統治。這一群文人以文學的手段，透過詩歌、文學來表現他們愛國的精神。

Yeats寫的一首詩提到「terrible beauty is born」，一種恐怖美麗的誕生，指的是追求自己國家的和平，但卻是用血腥和暴力的手法獲得。在當時有一群人占領國會，而那場革命的領導人大多是詩人、文人或是藝術家。雖然他們最後都在英國政府的鎮壓下陣亡犧牲，但這強大的武力鎮壓卻引起愛爾蘭人更大的反動。

因此，在愛爾蘭這座島嶼上，強烈反抗的聲浪不曾稍歇，他們與英國政府之間的抗爭從來沒停過。就連在郵局前的一塊銅牌上都有著不願為英國人殖民的宣言：「我在這宣佈，愛爾蘭人民有權利擁有愛爾蘭。」

另一種愛國的表現方法為批評自己的國家，義正辭嚴的指責和抨擊當時的愛爾蘭。這也是何以喬伊斯（Joyce）的作品，較不為當時的愛爾蘭人民所接受。

四、喬伊斯的創作

James Joyce（1882－1941）被推崇為二十世紀最偉大的英文作家，代表作包括短篇小說集《Dubliners》，長篇小說《The Portrait Artist as a Young Man》、《Ulysses》、《Finnegans Wake》。

《Dubliners》是以都柏林人的生活作為寫作題材，白先勇《臺北人》就是仿其寫作方式。喬伊斯很早就從事創作，他最重要的四本鉅著之——《Ulysses》獲選為二十世紀百大英文小說之首。書中共有十八章，以十八種不同的文體書寫，寫得

最精采的是最後一章，書中只有三個句點，是模擬人的意識流動，也就是後來的意識流寫作，是一段沒有中斷的思考過程。《Ulysses》故事發生的日期是1904年6月16日，這就是喬伊斯和後來成為他妻子的女人第一次約會的日期，諾拉啟發了喬伊斯的靈感，因此他依據妻子的形象在《Ulysses》裡面塑造出「摩莉・布盧姆」（Molly Bloom）這個角色。後來喬伊斯和諾拉・伯娜科私奔，開始了流亡海外的生涯，但他只寫自己的國家，只寫愛爾蘭，是個相當特殊的作家。

《Finnegans Wake》是他最後一本書，共寫了十七年，為一本實驗性的小說，書中留有很多空白，讀者可以從中得到自己想要的東西，卻也使得一般讀者比較不容易親近，但仍得到許多評論家的尊敬與評價。可以把這本書看做是一個圓形的結構，末頁最後一句可以承首頁第一句，像是一本流動性的小說。

五、喬伊斯對愛爾蘭的關懷

喬伊斯在殖民地長大，他思考自己在殖民統治中到底是怎麼樣的人，以及如何看待自己？我們的認同其實跟自己所處的空間有很大的關係，他的小說在這方面著墨甚多。他在空間概念上，尤其要釐清自己是屬於愛爾蘭而非英國，這也成為他小說中極欲表達的認同感。

殖民者跟被殖民者，主人與僕人，都是有一方先有所認知，這樣的關係才會成立。然而，弔詭的是，僕人通常都先承認自己是僕人，主人才會相對存在。也就是都是被殖民者意識

到自己被殖民，殖民者才會有一種默契存在，因為你承認自己的身分，彼此間的關係才能建立。於是喬伊斯就愛爾蘭為何會受英國殖民，探討自己內在的心理結構。他認為被統治的愛爾蘭人，在長時間的殖民之下，甚至認為自己就是英國人。這就像每個人手中都有一面裂開的鏡子，從破碎的鏡面中只能望見扭曲的圖像，我們無法從中看到自己真實的面貌。身為一個作家，他從中挖掘，希望能幫助自己的同胞，找回認同感。

在喬伊斯的小說《After the Race》中提出批判性的思考，描述一個愛爾蘭的年輕人，因為能加入國際友人的社群而引以為傲，自認為高人一等，內心有強烈的優越感，但這些都是殖民心態的扭曲。當時愛爾蘭的處境就是如此，認為外來的文化優於本國的文化。喬伊斯提出Gratefully oppressed的說法，諷刺愛爾蘭已然成了「心懷感激的被壓迫者」，沉痛的控訴著在英國殖民統治之下，愛爾蘭人已經處於麻痺的狀態，而內心難過不已。喬伊斯給了自己國家「dear, dirty Dublin」的描述，充分能感受到他對於自己的國家有著又愛又恨的情結。

六、愛爾蘭的政局

英國與愛爾蘭勢不兩立，就像站在擂臺上的拳擊手，不將對方擊倒不罷休。

「Love loves to love love.」只要心中有愛，愛就會擴散。愛能化解一切的紛爭。在當時的政治情況下，人民亟欲建構一

個理想的社會，喬伊斯是透過小說傳達渴望和平、需要解放、需要自由，需要一個和平的世界。

愛爾蘭不穩的政局，使整個城市散佈著詭譎不定的氣氛。連同一城市的分裂都相當嚴重，如以國家旗幟的顏色作區分，便分為親愛爾蘭主義和親英國派，這些還可從馬路、屋舍的選色中見出端倪。這情況與臺灣的統獨意識相較，愛爾蘭應是有過之而無不及。

雖然有抗爭，但也有對和平的期待。如在建築上有著象徵和平的鴿子，背後的色彩是七彩，無法從中辨識單一的顏色，這也象徵愛爾蘭人民渴望和平到來。另外有一條河流分開愛爾蘭，在上方豎立起兩座人像，他們的手微微地碰觸著，期許有一天，兩人的手就能緊握。

七、行銷喬伊斯

在都柏林有一種Ulysses式的旅遊，因為在《Ulysses》中，主角Bloom於都柏林繞一圈。於是有一間旅遊公司照書中出現的路程，完全按圖索驥走一圈，讓旅客們可以體驗Joyce書中的歷程。由於他的寫作完全按照都柏林的樣貌呈現，連街道和相隔的距離都是有所考據，可以說是一本足以重建都柏林全貌的書。

由於小說都是真實的描寫，因此書中的場景也都確實存在。舉凡Bloom所經過的地方，如走一趟那一扇特殊意義的門，或者到咖啡館點一杯Bloom喝過的咖啡，這些小說中虛構

的人物Bloom，以及真實的故事場所，都變成愛爾蘭觀光產業的一部份。整個城市充斥著《Ulysses》的影子，這些在小說中提到的重要場景，都會以銅牌標示，你腳下所走過的愛爾蘭土地，也是Bloom曾經走過的地方。就是在這個都柏林的都市中，處處充滿了探索的趣味。

為了紀念喬伊斯，愛爾蘭政府特別將《Ulysses》中故事發生的日期1904年6月16日，作為Bloomsday，模擬小說中的情節，重現小說中的景象。這一天也成了愛爾蘭人的重要節日之一，民眾到了這天也都不落俗套朝聖一番，走一趟《Ulysses》中的遊歷。這也顯示愛爾蘭文人輩出的原因，正是因為政府相當重視這項文化上的資產，將一個虛構的故事，煞有其事的把它變成為國際的節日。為了保存文本，也將Joyce的作品數位典藏，而這一場Joyce掀起的Bloom學，仍在持續蔓延著……。

八、小結

對一個作家而言，要把自己的故鄉當作他鄉。而一個真正的作家要把自己維持在一種流亡的狀態，唯有處於這種不安定的狀態之下，才能創造出巨大的能量。

喬伊斯一生無不流亡於海外，也就是這樣，成就他一輩子的書寫，將自己置身於一個完全自由的國度，盡情創作自己、表達自己。

一個作品的推銷也需要一個好作家。我相當鼓勵對於寫作有興趣的同學，不妨試著沉靜自己內心，投入寫作。這是一份

不需要仰賴他人的工作，隨身帶著紙筆，或一部筆記型電腦，隨心隨時隨地而作。如此一來，在這不景氣的年代中，寫作其實也是一項不錯的就業選擇。

（文字整理：蔡佳津）

講　者

林日揚

現　職

文建會主委辦公室主任

學　歷

輔仁大學中文系畢業、美國威斯康辛大學東亞研究所碩士

經　歷

第一屆、第二屆、第三屆中國時報文學獎、中興文藝獎、中國文藝獎章、吳三連文藝獎，著有攝影專輯——「天竺之旅」、「蓬萊之旅」；小説集「夢幻騎士」、「雨季中的鳳凰花」、「古蒙仁自選集」；報導文學集「黑色的部落」、「失去的水平線」

旅遊，攝影與報導

一、前言

旅遊是一件令人開心的事情，我們莫不渴望離開現有的環境，掙脫束縛，到一個陌生的空間，開拓自己的視野，體驗全新的生活。旅遊也讓一些渴望冒險的人們，感到無比的新鮮感，這些具有挑戰性的環境，同時也考驗自己人生的歷練，是件令人嚮往的事情。

二、深度旅遊

深度旅遊也稱主題旅遊，是比較有目的性的旅遊，比起一般旅遊更具有吸引力。它包括文化、生態、宗教、美食、義工等各種層面的旅遊形式，每個人就自己的需求，選擇適合自己的方式，讓旅遊不單單只是走馬看花，而是更深一層的玩賞和內心的體悟。

（一）文化之旅

余秋雨《文化苦旅》是本具有特殊寫作風格的書，甚至影響臺灣旅遊業的蓬勃發展。余秋雨把自己從書本中所得到的精華，再配合個人旅遊、豐富的歷史閱讀，以獨特感性的文筆，結合地理和人文綜觀書寫，是本相當有吸引力的書。文化之旅在臺灣也越來越受重視，像是古蹟、博物館、作家文化館等主題性的旅遊，讓文化的薰陶使得這類旅遊獨具魅力，不僅可以增廣見聞，更可從中獲得深厚的文化體驗。

（二）生態之旅

隨著綠色教育的潮流，生態之旅也乘著風潮而起，像是出海賞鯨、觀賞各種保留區等，這些靜態的環境往往能激發人內心最深沉的感動。作家廖鴻基致力於生態旅遊的發展，他曾說過：「我擁有兩個世界（3/10的陸地＋7/10的海洋）若不接觸海洋就只擁有十分之三。」他不僅親近海洋而且還記錄海洋，唯有感受加上愛才能得到偌大的力量，寫作亦是如此。

（三）宗教之旅

對宗教信徒而言，朝聖遠比其他旅遊更為重要。像是印度恆河的洗禮，傳統會將屍體棄於其中，但信徒們卻遠道而來到此地沐浴。若是一般人根本難以忍受恆河的髒污，但對於信徒而言，象徵性的朝聖行為卻是無比的榮耀。宗教有著悠久的傳統和歷史，信徒無不夢寐到達信仰的殿堂，親身經歷信仰的核

心,深透經典的奧義,對他們而言,唯有親身體驗才是最重要的。

(四)美食之旅

打開媒體、報紙的旅遊廣告,其中充斥著美食旅遊的宣傳,提供對美食有愛好的旅客另一種旅遊的選擇。饕客們為嚐遍江南美食,享受味蕾的顫動和內心的感動,莫不欣然結伴成行。

(五)義工之旅

義工之旅指募集志工到各地做志工服務,在旅遊中同時做義工,對於一些有愛心、想為大眾盡一份心力的人士,是一項很吸引人的旅遊方式。

(六)LONGSTAY

LONGSTAY指的是到農村、漁村、礦村等一些有特色的地方,和當地人生活一段時間,了解其生活方式。有時甚至還要親自參與他們的工作,體會那些較具有地理、社會、文化的地方特色,才能對當地的風土民情有更加深入的了解。

(七)短期旅遊

所謂短期旅遊並不是為了讀書或者拿學位,而是在當地的社區大學讀書,藉由在各個國家的遊歷,學習各種語言,了解不同的文化,比起單純的旅遊,能有更豐碩的收穫。

三、旅遊型態

（一）從個人到群體

主題旅遊的出現，促使一群同好結伴出遊，不僅彼此之間有照應，而且又具有共同的興趣和嗜好。

（二）從業餘到專業

如果旅遊之初只是興趣使然，例如純粹只是喜歡吃，但久而久之，也會漸漸懂得如何吃、如何品味美食，從業餘而成為專業，甚至可以在團體中彼此分享，互相交流情報。

（三）從獨樂到分享

透過分享，人們對旅遊就能有更深的瞭解。而每個人不同的生命歷程，藉由彼此的交流與互動，更能增長見聞。

四、影像的建立

（一）個人留影

旅遊中最普遍的偏向是個人留影，或者是「到此一遊」塗鴉等行為，但對於旅遊區而言，這是對環境的一種視覺污染。

這些個人化的行為，主要是為自己、家人或朋友留影，日後可與人分享，也是攝影最原始的目的。

（二）景觀紀錄

景觀、環境、人文、地理乃至事件的紀錄，這些紀錄不一定要有「人」在照片當中，而是將自己從照片中抽離，表示在紀錄影像上又有另一層的提升，不只是專注於個人的行為，而是為自己的行程作一種紀錄，像是桂林的山水、古蹟等。這可以開闊我們的眼界，豐富生活的內涵，攝影若運用的巧妙，是可以為生命、為歷史做見證。

（三）美感經驗

美感的捕捉或營造，能將影像紀錄提升為藝術的層次，而影像的紀錄從靜態的攝影到動態的紀錄片，這本身就是一種很完整的藝術。提升自己的美感融在藝術中，同時具備一種藝術的營造，我們不應該滿足於僅僅作一紀錄，而是要追求更高一層的美感經驗，把照片視作是唯一的一種藝術品，具有保存與記錄永恆的可能。

五、文字的書寫

（一）遊記

遊記是指透過文字抒發內心感受，描述風土人情。當人處於美好的環境之下，觸動到的美感經驗，當下行之為文將感受

記錄下來。把握當下最初的感動，為行程做紀錄，那種與大地萬物接觸的震撼力和為之懾服的心，一旦錯過而沒有投之於筆墨，就很難再補捉到當時的情感。像是柳宗元《永州八記》，其中所記不一定是名山大川，但即使是邊緣地區的小山丘，透過筆下生動的描寫，每當我們閱讀時都能產生莫大的感動，這便是文字的力量。

（二）報導

報導，是深入社會底層，訪問當地居民，透過第一手跟當地的交談，反映其生活情境。不論到任何地方，透過觀察和收集資料，可以看到比較深層的景象。像是跟當地居民的訪談，不僅可以為自己建立資料，累積資訊，同時也做一種感情的紀錄，成就一篇很好的報導。

（三）報導文學

報導也可以提升到文學的層次，把旅遊作為寫作的材料，以文學的筆法跟技巧，開闊的胸襟與視野，深入描寫旅途中的見聞，使它成為一項文學作品，或者發表，或者出版，為人做紀錄。

六、角色的轉換與多元參與

（一）從單一的角色到多元的角色

（二）影像結合文字，理性結合感性

（三）全方位的旅行、攝影及報導文學

七、小結

　　旅遊是一件相當有趣的活動，但常常是事過境遷，當下的感動也就如同過眼雲煙稍縱即逝，因此才需要為自己的歷程作記錄，不要讓自己空手而回，要把影像帶回來、文字記錄下來，這是一種生命的歷程，一旦觸碰這些紀錄，就能喚醒當初的記憶，重溫當下的感動。

（文字整理：蔡佳津）

現 職

輔仁大學音樂系兼任教授

學 歷

香港青華學院音樂研究所作曲碩士

專 長

作曲、編曲、音樂理論、電腦音樂

曾為國內外交響樂團、管樂團、合唱團、獨奏家、獨唱家、八部電影、一百餘部記錄片、聖樂CD集、綺想曲CD集、進行曲CD、唱說舞劇、慶典音樂、原住民音樂、特定比賽指定曲等，作曲、編曲、配樂超過千首

古典音樂原來如此

　　在你生活中幾乎已屬不能缺少的手機，除了有攝影功能之外，也有儲存和播放音樂的功能。而全世界的音樂播放器材，包括近代的mp3，種類數以萬計，又不斷推陳出新。這一切呈現了「音樂」藝術之偉大、傳佈之廣、影響力之巨！你一定會知道貝多芬，卻不知道德國皇帝和現任總統的名字！但是要聽「懂」世界上最好的音樂，對一般人士而言，卻永遠有一道無形的牆在阻隔著似的，這種情形自從音樂由民間傳唱到由大作曲家精雕細琢成近世的所謂「古典音樂」之後，幾百年來都未曾有重大的突破，所以大部份人都只欣賞到通俗音樂，而對猶似天籟之音的美妙古典音樂卻「望而生畏」或「把鑽石當成玻璃」，也可能「把玻璃當成鑽石」！

　　阻礙人們欣賞古典音樂的最大障礙，是大家忘了要去「欣賞音樂」卻去「研究音樂」。設想你去餐廳用大餐時，是去研究它還是放入口中享用它？由此推論，欣賞古典音樂最重要的依據是「音樂是要感受的，而不是要理解的！（理解是作曲家或演奏家之事）」將這句話加以引申後：手機是要帶在身上隨時通訊用的，而不是為了要打開機殼去研究它的晶片或機芯的！（研究晶片或機芯是工程師之事），任何人都可以享受美

食，而決不需要先研究它是如何煮出來之後才能享用（研究如何煮是大廚的事）。如果各位能理解以上的解釋，那麼欣賞古典音樂就像把手機帶在身上、或到餐廳享受美食那樣自然而又輕易。

音樂作品從它的創作動機、方法以及它的最終表現結果和目的而言，可以分為兩大類，那就是我們常常可從音樂課本或書刊上獲知的：一、「標題音樂」，二、「絕對音樂」。欣賞者若能加以認知和區分，則在聆聽時至少可以先獲得一個初步的軌跡。如同我們走進圖書館，到書架上去找書，有時可能隨便看看，發現有中意的再借出，但有時亦可能先找分類。

將音樂分成上述兩類，不僅是作曲家本身的期望，也是我們欣賞音樂時的可能反應。但兩者之關係，卻不能如黑白之分明，有時並像「存在」和「虛無」一樣，成為辯論不出結果的題目，原因是這樣的：

「標題音樂」通常是指作曲家按照一個預定的情節，去創作他的樂曲，例如維瓦第的「四季」，他是有意遵循文字的內容，在作曲時去思考、聯想、營造或配合。完成後他自覺非常匹配和成功，所以希望聆聽者能循著他所寫的標題和文字去欣賞，果然被很多人所接受，歷二百餘年而不墜！音樂大師所留下的此類標題音樂頗多，但能成為經典之作的則不多。較著名的如貝多芬「田園交響曲」、韋伯的「邀舞」、白遼士的「幻想交響曲」、聖桑的「動物狂歡節」、穆梭斯基的「繪畫展覽會」、德布西的「牧神之午后」等。但如果聆聽者完全不知道標題，或不理會標題，他仍然可以用自己的觀點去欣賞和思考。

　　「絕對音樂」是指作曲家在創作時，並無描述任何事物的企圖，例如大部份的協奏曲、室內樂、奏鳴曲和交響曲等。對於這一類的音樂，從欣賞者的角度而言，其聯想和反應空間是很大的，它可以複雜到寫成一本書或一篇論文，亦可以小到僅只簡單的說「很好聽」或「還算不錯」等。

　　「標題」和「絕對」這兩類音樂，除了一些極端的例子（如模仿某種動物嘶叫聲的音樂）外，中間並無明顯的界限，也沒有絕對的認定方法，要有也僅是很抽象或主觀的。所以如果有人聽了某一首非常出名的標題音樂，而認為完全不是那麼一回事時，也並不表示他不懂得欣賞。相反的，如果有人聽了一首莫札特的小提琴奏鳴曲，而認為好像某種情景，甚至能描述成文字，也是合理的。根據這一推論，假如有位作曲家寫了一首管絃樂曲，標題為「昨夜、嘆息、永恆」或「圓、釘子和殺蟲劑」，我們應該認為作曲家是有道理也有權利這麼做的。當然我們在聽過以後，也有權利認為那是「今夜、欣喜、瞬間」或「方、木板和肥料」！他也不能說我們不懂。請想一想，極刻板的法律條文，有時還得請大法官解釋呢！何況是藝術，更何況是非常抽象的音樂呢！

　　我認為聽音樂是一種藝術欣賞或身心的陶冶，不是在開辯論會。作曲家既有標題指示，不管他稱之為太極、虛空、蜘蛛、三分之二、死巷、逆風或太上老君等奇特的名堂。我們大可就順著他的意思去欣賞，滿意時，會心的一笑，多多介紹給朋友們欣賞。不滿意時，不論其內容實際上是多麼貧乏，甚至根本是一堆亂七八糟的音效，也不必追根究底，現代許多大廣

告不都是這樣的嗎？音樂家不是聖賢，是凡人而已，一樣有很多急功近利、不學無術者。至於絕對音樂，那是古典音樂中賴以不朽的部份，也是大多數樂曲的本質。它們不作主觀的誘導，其標題也僅只提示一種風格、結構、曲式，甚至只是一種速度而已。例如徐緩調，僅表示一個速度而已；復格曲，即表示它是各聲部輪流或交替出現主題的一種復調音樂，有人會愈聽愈迷，有人在聽過一次後即敬而遠之；交響曲，即意指是多個樂章的管絃樂大曲等等。

我建議初接觸古典音樂者，不妨從一些著名的標題音樂著手，然後再嘗試進入絕對音樂的領域。總之，標題音樂和絕對音樂並非對立，而是音樂世界中因為太抽象，太不具體而發展出來的不同創作方法。

但音樂究竟不是語言文字，也不是繪畫，它不是一種能表現「具體」或「真實」的藝術。它「笨」到不能表達「這是一本書」、「這是一支鉛筆」等非常簡單的東西，但卻「聰明」到能表達超過文字、繪畫和戲劇等所能達到的高深意境。因此個人建議在欣賞音樂時，不宜去要求具體化，而應該設法追求幻想化、理想化和心靈的融合；或是在瞬間反應中所感受到的直覺刺激。

我仍要再一次強調「音樂是時間的藝術」，它受制於時間的進行。在視覺藝術的領域中，必要時你可以仔細鑑賞、反覆推論，例如當你看碟影片或錄影帶時，為了看得更清楚更詳細，你可以運用慢速度放映，甚至停在那幅畫面。欣賞音樂則不同，那就像看海浪一樣，一波一波地在前進，後浪推前浪，

如果大海靜止，根本就沒有海浪！同樣的，音樂如果停在那裡，就沒有音樂，它雖然瞬間即逝，但卻不斷出現，這就是我們欣賞音樂的過程。

你想，你能用語言向一位朋友描述所看到的天際白雲嗎？不妨一試！除非你剛看到的白雲像一隻大狗、一條鯨魚……，否則恐怕說了等於沒有說。要用音樂來描述白雲那就更不可能了，但請讀者們思想一個微妙的情況，音樂雖然不能描述白雲，卻可以驅使你去想到白雲！這不是很玄嗎？所以當你聽貝多芬的「月光曲」時，你會覺得月光曲中一點也沒有什麼月光，這就是問題的癥結。讀者們請想一想，音樂中怎麼可能會有月光呢？那麼月光在哪裡？很簡單，「月光」在你的「心田中」。如果你一面聽這首「月光曲」，而一面去思想月光，說不定你所想像的月亮和月光比你真正看到的還要美、還要好看！那麼欣賞月光曲時，是不是一定要去思想月光或跟月光有關聯的事物、情景呢？那倒不一定，若你什麼都不想，或去想高山流水、濃情蜜意，也不會抽筋或反胃。如你同意我的看法，我認為我已經揭露了欣賞標題音樂的最高機密。

可能以上的論述愈來愈使某些讀者陷入五里霧中了，不用擔心，就當是聽一首絕對音樂吧，什麼都是，什麼都不是！

（文字提供：蔡盛通）

綠意盎然

講 者

鄭漢文

現 職

臺東縣新興國小校長

學 歷

國立東華大學群族關係與文化研究所碩士

專 長

綠色教育

綠色教育

一、引言

　　到蘭嶼是我人生一個很大的轉捩點，原本帶著自己是專家的立場，帶著自己的學科背景，帶著過去的教育認知，想要去指導一所學校，但是在那裡，從一個蘭嶼老人家中，學到了不一樣的生活智慧……。

　　認識是生活的一小部份，但它對整體生命發生強烈的影響。環境教育反思（Rethinking for education）中的rethinking的動作告訴著我們，我們一直在強調的是「知識」的部份，當知識不能有效的和生活相聯結時，它只是「死」的。根據西方教育學者的觀點，如果我們依賴知識的理論，抽離人與自然的關係，那最後人也是走到一個死胡同裡。想要依靠小上帝的技術去完成上帝的使命，結果無法達到recycle（循環）時，那就不能做到永續發展。

　　所以說學校教育本身就是在一個永續的社會裡，原因是我們認為環境教育可以影響整個社會制度和文化。如果我們帶著

這種想法，實際上我們辦教育，就是在做符合我們主題的工作——綠色教育。

二、綠色教育的內涵

綠色教育是什麼？綠色教育代表生命、成長和永續發展的生機，其目的乃在於孕育一個能對生命能有所關懷和照顧的「綠色心靈」。當代教育最需要的，是培育下一代成為有向心力、良知責任和普世視域的人。同時，是對自己、對社群以及對眾生，有關愛之情的地球居民。如同教育部推動的三大領域中，有人跟自己的關係、人跟教育的關係和人跟物的關係，但其實是還少了一項，就是人跟靈的關係。

如果我們要達到普世的良知，擔負普世的責任，對一個意義作深度的瞭解，我們在事物的應用，在既成的習慣、信仰及相互糾纏的古老叢結中，那些關於保衛及伸張，構成極其重要的思想與行動體系，究竟是如何長成的？事實上，文化就在我們的生活經驗中，變成一種感知，甚至是決定個人信仰的關鍵。

常識建構下的文化基盤，在文化距離中產生動態的適應，並作為生活律則的軸心，會決定我們該如何行動。而超自然和宗教的經驗，則會讓我們去思考如何面對我們周遭的世界。

三、文化感知的作用

先舉一個關於文化感知的「蝙蝠的故事」。

在菲律賓，一位人類學家帶著一個小孩進到部落，大人的對話對小孩而言非常無趣，於是孩子到處閒晃。入夜時蝙蝠出現了，他問爸爸：「為甚麼蝙蝠晚上才出來？」，身為人類學家的父親，以科學的角度回答小孩的問題，部落的人一聽便笑了，原因是：有一天，哺乳動物跟鳥兒打仗，結果哺乳動物要求蝙蝠幫忙，蝙蝠覺得自己是空中飛的鳥，所以不能幫哺乳動物的忙；鳥類也要求蝙蝠幫忙，蝙蝠回答，自己身上的特徵是哺乳動物的特徵，所以不能幫鳥類的忙。蝙蝠選擇站在中間立場，沒想到哺乳動物和鳥類和解了，結果兩方都不歡迎蝙蝠，蝙蝠因為羞愧，只好在晚上才出現。

這個故事告訴我們，如果我們願意為社群付出，有利他的服務，就會被接受，如果只是當牆頭草，從中擷取對自己有利的利益，那是不易為人所接受。

第二個故事是「白鶺鴒和老鼠」，這個故事發生在蘭嶼。

有一天，白鶺鴒划船要去釣魚，老鼠要求同行，等船划到海中央時，老鼠餓了，問白鶺鴒可以把便當給牠吃嗎？白鶺鴒回答：「不行，因為我們才剛開始釣魚，現在就吃便當太快了。」可是，老鼠不聽勸，還是把便當吃了。接下來，白鶺鴒釣到一條魚，老鼠又要求把魚吃了，吃了魚之後，再沒有釣到魚了，飢餓的老鼠開始啃船材，白鶺鴒就勸告牠：「不要再

啃船材了，我能飛走，你不行，等到船破了一個大洞就麻煩了。」老鼠不聽，啃到船幾乎快沉沒，白鶴鴒飛走了。

這個故事是勸告族人，不能吃白鶴鴒。這也反應在達悟族人的喪葬行為，在人出殯時，會用白鶴鴒的頭在人嘴前輕輕一劃，希望族人不要太貪吃。

從一個文化環境中透過感受，變成了文化感知，甚至變成概念脈絡，形成認知意識，進而成了地方知識，演變成價值信仰，這是一個文化推論的過程。假如一個族群他對文化帶有偏見，他的文化推論就也會帶有偏見，這就是該族群的生活律則。而在文化調適中所形成的文化距離，就會產生很大的差異。

四、文化認知的差距和文化價值的意義

我們又該如何面對文化認知所產生的差距？從知覺現象學來看，內部的知覺如果沒有外部知覺則是不可能的，知覺的某物總是在其他物間，他始終是場域的一部分，也就是文化環境的一環，在談論這些工具時，應試著要讓人去理解人是如何察覺？人是如何描述？人如何詮釋？人如何實踐？

有以下三種工具，可以告訴我們，至少在雅美族人的身上，他們是如何察覺，如何描述，如何詮釋，以及如何實踐。

（一）象徵人類學

雅美族人累積財富是在於跟別人分享所得，因此才能擁有族裡高貴象徵的禮杖。

（二）認知人類學

雅美族人在樹上刻上記號，去認定樹為誰所擁有。

（三）實踐科學

它是在各個族群長期耕耘，甚至是形成一種智慧所發展出來的結果。

在民族生態學中告訴我們，為甚麼民族透過神話系統，形成禁忌、信仰，發展出自己的智慧。當自然、社會、事物被分類時，它會造成名字、意義和效應，而這種效應就會被察覺。不只是自然、社會、事物可以被分類，精神方面也可以分類，其中可分作宗教信仰、神話傳說和傳統禁忌，在神、鬼和靈的部份是重疊的，這些會形成一種文化價值。

文化價值通常包括特殊的宗教信仰，形塑我們的生活方式和日常活動。在我們現今的教育領域，避而不談人和靈的關係，例如孔子說：「子不語怪力亂神」，事實上這些都附加到我們的價值系統中。我們面對未知的事物時，總會帶著惶恐的心情去祈禱，進而讓事情順利進行，這主要是因為宗教有一安定的力量，讓我們能靜下心來處理事情。

所以祭典儀式是我們生活中很重要的一環，魚祭、魚季和魚技這幾個是環環相扣的，不同的魚祭會產生不同的魚技，進而有不同的漁產。我們對於環保活動多一點靈性，少一點技術，那就是自我拯救的開始；把這些理論轉化看看，一個族群的生計邏輯，它是跟環境、技術、社會有關，技術和社會產生

制度文明，環境和社會產生適應策略，環境和技術是資源利用，而這些的交集點就是生計邏輯，而生計邏輯就是民族與生態學。

五、生態思維的啟發

教育是可以跨出文化、族群的重要環節，也應該要把生態思維列為思考的中心，鼓勵師生自發主動的發起環境改善的行動，而非只是課程上傳遞環境的知識。而這個觀點，可以從家開始做起，家指涉house（住屋）、family（家庭）與home（家）三個不同的概念。家是心理意義發展的中心。個人在家中發展自我認同、學習人際界線的界定；而家庭成員則透過家聯繫彼此，再與社會結合。

新故鄉運動不是一個隸屬、親屬的關係，而是一個歸屬，打造一個屬於我們自己的家，則是綠色教育最重要的一件事。尤其故鄉是一切歸屬感、親切感、價值感、責任感的源頭，形成第一個心智的發展和地方的經驗。也唯有灌注對鄉土的愛，才能為藝術創作與文化的發展，提供無窮的活力與生命力。

當既有的意識型態是帶有價值偏見時，很多原屬於中性的東西，已經不再中性且偏離了主題。語言的界線也是如此，當表達不出語言的界線時，我們是否會明白語言所要表達的，正如奧地利學者維根斯坦在《邏輯哲學論》所言：「我的語言界線，意謂著我的世界界線。」若不想被矇騙，對眼前的景物應該用手去碰觸，因為每塊土地都有自己的植物和家畜，至少有獨特的種植方法和飼養方法，還有其偏愛的房屋和食品。

　　一旦當教育制度化的發展過程中，學校逐漸脫離社區環境，成為社區中的孤島，教育與生活逐漸劃下了互不接壤的鴻溝，環境是會影響人的，所以社區會影響一個人社會意象的認知。非洲有一句諺語這麼說：「培育一個小孩，需要一個村莊的力量」，其實每一個人都是彼此的老師，都需要相互同儕之間的學習。

　　Franz Boas說過：「兒童的發展，並不是單一的從生理或遺傳因素可以得到答案，更重要的是要瞭解社會文化等環境因素，如何塑模一個兒童的人格。」，所以如果我們放棄社會這塊領域，教育是不完整的。

　　一個儀式、圖像都深深地呼應在每個人的領域裡，到每一個地方不只是探索它的異國風情，而是去瞭解一個社區如何做整體的運作。社會很清楚地寫在這塊土地上，教育的體制是要讓一個人學習去尊重看待一個地方。

　　當我們的環境佈置脫離小孩的生活經驗，我們會發現孩子所理解的世界是空泛的、抽象的，所以我們要讓孩子很清楚他所生活的這塊土地，讓孩子們閱讀他們的世界，當然不是只依賴文本而已。事物不再能清楚地透過小孩的生活經驗，轉化成他所理解的世界時，他就會用他過往的經驗影響他的思考。

六、綠色教育在教育中的體現

　　我們把教育的願景透過學校來操作，第一個是人文關懷和自主學習。人如果抽離了教育系統之外，只談環境，或是在強

調環保時，只強調環境，而忽略靈性化對人的靈性思維，那整個運動本身是有受限的。而這些限制並不能用學校場域所提供的文化環境來養成，如何讓孩子透過常識、地方常識進而形成概念脈絡，調和在體制教育中寫和教的相互主體性，就是我們在改變現況時，亟需有所作為之處。

我將綠色教育在學校所欲達成的目標說明如下：

1. 文化人——肯定自我，悅納自我，尊重他人
2. 資訊人——擴大視野，擷取知識，生活運用
3. 讀書人——終身學習，變化氣質，思維養成
4. 創意人——獨立判斷，藝術修為，美的實踐
5. 自然人——道法自然，自自然然，自然而然

每一個人的故鄉夢——這裡的故鄉不只是人出生的地方，也是人希望安息的地方。如果要與別人分享綠色教育的動力，而且是永續執行的動力，就是要以滿腔熱情作為交換。我們創造身歷其境的學習，它會產生作用，就會發生在你我身旁。走出教室處處是學問！學校可以是折磨人的工具，也可以是啟發人的器具。改變一個地方，需要強化人的心智，甚至造成他的記憶。

我們談到學校的操作面，是從文化人、讀書人、資訊人、創意人，最後是自然人切入，但這五人並不是單獨或不連續的，他是在形成一個自主的人。而人又如何自主？如何處事？如何對待這個世界？這在我們的自然人裡，又是如何強調尊重生命？熱愛生命？珍惜生命？這些對環境而言是環境倫理，與

能源再生利用有關。所以當要去規劃和設計環境時，可以讓小朋友參與設計，參與的結果就會用他們所設計的方法實做。有共同的參與，就能把綠色教育的理想，化為生活實踐的場域，以資源利用為例：

1. 肥水不落外人田——以肥水種樹。
2. 引水濕原
3. 滴水不漏

總之，生態如果恢復健康，文化系統或許可以重新找到它的生命力。一個設計本身如果能夠把環境、文化和目前在當代所發展的結合，它就會是一個動態的發展。也許我們會認為太過重視傳統教育和鄉土教育，將來面對世界大格局競爭力會減弱，但是從經驗上來看，這樣發展的反而更好，因為他們在看事物都是全盤的理解而不是片段的記憶。當環境和教育的結合，人的學習就不是只在看待傳統智慧本身，還包括他面對周遭事物、生存環境，與對待生態時的態度與實踐。

（文字整理：蔡宜芳）

講　者

魏麒麟

現　職

我自然生態農園園主

專　長

有機農業、自然生態

人‧科技文明與自然農耕

一、前言

　　人在自然之初，就像茹毛飲血一般，其實與動物並無相異，是屬於自然的部份。直到開始懂得食用熟食，才開始跟一般的動物有了分野。為了生存，人類開始豢養牲畜和播種，這是人類天生具有的智慧本能。這是人類賴以維生善意的本能。然而，當人類懂得豢養牲畜和播種，其實也違背了自然。因為自然界的動物和植物並不屬於人類的所有物，而是應該自然放任於自然界中，隨著大自然的定律而生長而死亡。

　　但是，隨著人類的聚集而群居，而成為一個社會後，賴以維生和善意的本能卻也轉換成一種財富的累積，或是物品的交易。因此，我們已經徹底改變自然，也違背自然，呈現出一種貪婪或者掠奪性的過程，這是對於自然的破壞。

二、科技文明

（一）工業革命

　　十九世紀的工業革命是史上的一大變革，在工業革命之下，機器取代人力，節省時間和人力的耗費，大量的生產力帶動市場經濟、刺激消費，工業革命縱使有諸多利處，卻也為自然留下無法彌補的後遺症，我們應該進一步省思，試著用客觀的眼光去看待這演進的過程它所帶來的成效，究竟是善意的本能，或者是對大自然的破壞？

（二）綠色革命

　　農耕時代，必有病蟲害的困擾，卻也有以食病蟲害維生的物種，只要順著自然的生態，就能讓物種之間達到互利共存的平衡。直到綠色革命的宣言，化學肥料氮磷鉀的使用，雖然節省大量的人力，增加糧食生產，增加經濟效益，卻也大量抑制病蟲害的生長，失去生態的平衡。

（三）基因工程

　　基因工程是違反物種的自然法則，人本身就是被造物者，如此看來，人又怎堪成為造物者呢？我們不能漠視在科學進步之下，所得到的生活改善，然而，當科學淪為商業的牟利工具，或利用科學達成其目的，那麼，同樣也是違反了科學的本質。

　　我們不能否定科技文明，也無法否認科技所帶來的便捷，但生態浩劫的危機，並非科技文明本身所造成的錯誤，而是後者的濫用造成生態浩劫，這是我們需要釐清的概念。

三、找回自然

　　當人類面對土地與自然環境，應該是抱著贖罪與懺悔的心去面對它們。當人們的心態從賴以維生的善意本能轉換成一種功利性的、資本主義式的思考時，已經徹底的破壞了原有的環境。如何找回自然，則是希望人與自然有共生、共享、共有的三個架構。

（一）無中生有

　　從無到有的過程生態。不要否定任何環境或者空間的可能發展，透過生態復育和營造環境，讓自然的永續再現。這並非純人為的製造，而是符合生態工法的原則，適時適地去找尋一個適合的生態工法，依地質結構或生態環境順著自然而做改變，而非任何地方都適用這個生態工法。

（二）物種多元、生物多樣性

　　以生態的過程而營造自然的架構，復育且營造環境，並非採取單一物種種植。單一物種是以經濟利益和資本主義為考量，雖然便於耕作且方便管理，卻使得農作物單一量化，面臨病蟲害的蝕啃，缺乏機制對病蟲害產生抗衡，無法達成自然平

衡。自然農耕是一種站在人和科技之間的一種反省，像是雜草
與茶樹之間共存的關係，進而達到共生、共享、共有的永續
生存。

四、小結

　　植栽的最大目的，就是達到生態的平衡，我們應該要適性
而發展，順著物種的本性而做復育和營造環境的工作。現今的
有機生態仍屬謀利的階段，尚不能站在生態復育的長遠眼光做
打算，但我們應該了解的是自然之於人類的重要性，人類無
法離群而居，正如同無法離開大自然而存活，不論是藝術、建
築、文學，一旦遠離了自然，那麼作品中就絲毫無自然可言，
不過是一只失去靈魂的軀殼。

（文字整理：蔡佳津）

講 者
金恒鑣

現　職

行政院農業委員會林業試驗所　研究員

亞熱帶生態學學會　理事長

國際環境生態學學會ISEE區域代表

學　歷

加拿大卡爾登（Carleton）大學地球科學　博士

加拿大紐布朗瑞克（New Brunswick）大學森林土壤學　碩士

國立臺灣大學森林系　學士

專　長

生態學、學術管理

綜覽臺灣的普世價值

——生態與環境

全賴他們自己的所作所為，決定了大地的生機。

——賈德・戴蒙著
《大崩解：人類社會興亡的自擇》，二〇〇五年

一、前言

我們只有一個地球。這句話的更精確含義是「地球極可能是宇宙中唯一活的天體」。地球之所以值得珍惜，並非它是我們所屬之太陽系的七個星球之一，而是目前已知惟一的「活行星」。活行星的基本條件是它仍然在「演化」之中，即未至演化的終點，尚未趨近滅絕之境。地球誕生到今天，它的物理與化學環境的變動未曾停頓，目前它正值生命期的前三分之一年壽，也就是說，地球正值青壯年期，充滿活動力。地球上的生命也是它有史以來最具多樣性的時期。物種之繁多創下地球有三十餘億年生命史以來的最高峰。

這個豐盛的地球卻也面臨誕生以來最大的隱憂，這個隱憂正擾亂其理化環境的穩定發展與自然演化的步履正趨蹣跚。今

日地球演化腳步的錯亂，從其物理與化學環境的丕變，與物種多樣性的急速衰降，以及生態系逐一的崩潰瓦解等現象中一一呈現著。如果人類不正視這個問題，地球上三十餘億年的生命演化成果，可能毀於一旦。摧毀地球的這般力量，是近數百年來人類活動造成的。這個現象之嚴重，才不過近數十年來為人所知悉，因此，採取拯救的行動有待展開。

臺灣是地球最大洋中的一個島嶼，它的物理與化學環境在漫長的地質年代裡，受著全球大環境的影響，這個影響是較為緩慢與漸進，有規律可循並與島上生命相適應的。然而島上的物理與化學環境的近期劇變，是受到島上人類活動的結果。這種劇變直接影響其上的生命現象與生態過程，其後果是不利於島上居民的生存與繁衍。島民若不重視這種理化環境品質的惡化及生命多樣性的喪失，島民的未來生活極可能會變得異常艱辛，饑荒、缺水、流行病疫等會籠罩這個島嶼。臺灣會成為煉獄不將是危言聳聽的預言。

本文先從認識臺灣的自然環境特性開始說明臺灣所有生命所繫的基礎，並提出面臨的保育、管理與使用問題及其對策。本文不但從臺灣島嶼尺度，東亞太平洋區域尺度，更從全球尺度，解析大空間的問題，而且從長時間尺度談這個議題。

二、地盤竄升、氣候多樣、地貌動盪

總括左右臺灣的物理環境的自然力量為板塊活動促成的地震與熱帶氣旋帶來的颱風。造成的現象為：「地盤持續快速抬

升，氣候差異大，地表侵蝕快。」使得臺灣有極具動態與多樣的環境。

臺灣的地理位置正居於地殼的兩大板塊撞擊聚合處。臺灣東邊外海的菲律賓海塊，以每年八公分的西進速度推擠臺灣海島，這個極為龐大的碰撞力量是造成臺灣有高山峻嶺與高峰連連的主因[註1]。臺灣島有全世界竄升速率最高的山脈，最快者每年可上升2－3公分。《紐約時報》的比喻極為傳神：有如我們眼睜睜地看到自己的腳指甲生長的速度。然而群山並非永無止境的上升，必有其他機制平衡山上升的高度。其中機制之一為地表侵蝕。群山不斷受到抬升，地表不斷會受到侵蝕，兩者之間的平衡，呈現目前連綿的山脈。所以，地表侵蝕維持了臺灣的最高峰略低於四千公尺。最近的研究指出，中央山脈的地表侵蝕率極高，平均每年可達1.5公釐，甚至6公釐[註2]。

臺灣島嶼的地表侵蝕率是控制臺灣生態現象的重要力量。若要談保育、管理與永續利用臺灣的生命資源，必得對地表侵蝕的現象與過程及其對生態系的影響有一定程度的認識。控制

註1：〈臺灣往大陸移動：靠造山脈之動力〉，Ingfei Chen撰，刊載於《紐約時報》二〇〇六年四月十八日。[Taiwan Moves Closer to Mainland, Pulled by Forces that Molded Its Mountains. By Ingfei Chen, New York Times, April 18, 2006.]

註2：《臺灣造山帶的侵蝕、逕流變異度與地震之間的關聯》，Simon J. Dadson等撰，刊載於《自然學刊》二〇〇三年十二月，第426卷：648-651。[Simon J. Dadson et al. 2003. Links between erosion, runoff variability and seismicity in the Taiwan orogen, Nature 648-651.]

當代地表侵蝕的自然因素，是地盤持續抬升與大規模與頻繁的地震及颱風登陸帶來的豪雨。

　　根據統計，臺灣百年來的年平均地震次數為一萬六千次[註3]。地震扭曲、震裂、位移與鬆動山區的地層，氣象風化其岩石結構，終至崩落堆積。這些岩屑堆又在颱風豪雨的能量啟動下往更低處堆積，其過程是為土石流。土石流動不斷地改變臺灣的地貌與河川。豪雨逕流是臺灣地表侵蝕的重要力量。而地震、土石流與地表侵蝕，皆源自臺灣地盤受到劇烈的板塊運動造成的。

　　地表沖蝕的大量岩屑，在短時間內通過一百多條的大小河川，途中沿河下切河床與遷移河道，在豪雨造成的激流裡，土石細泥終究被帶往河海交界處堆積下來，這些泥沙維持了臺灣海岸的形狀與穩定性。臺灣的河川輸砂量名列世界前茅，其對環境與生命有一定的生態作用。如今臺灣四處建水庫、築攔砂壩、整治河道與採砂石造成的環境與生態問題，不但未加以正視，也不知道造成的長遠後果。

三、自然擾動為生態注入新生的力量

　　上面提到在臺灣常發生的地震、颱風豪雨與土石流，或全球其他地方發生的龍捲風、颶風、海嘯、森林火等皆屬自然現象。從地球的大空間規模與生命演化的長時間尺度看來，雖然

註3：中央研究院地科研所（http://www.earth.sinica.edu.tw/~smdmc/recent/2002/2002m5.pdf）。

對「人類」造成致命的傷害，卻是維持地球生態的新生力量來源。地球之所以稱為「活天體」，有別於其他已知的天體，就是因為誕生地球的力量仍然維持它對地球的影響。地球的內部活動沒有停止，使得「浮」在熔漿上的大陸洲，不斷的相對地「漂移著」。漂移的力量維持了地球的動態活力。科學家因而論斷：火山、地震、颱風與海嘯等為持續地球生命演化所必須的，雖然也可視為人類的大災變。以月球為例，人類已證明它是一個「死行星」。月球誕生緊接在地球誕生之後，前者的火山運動在其誕生後的十多億年便完全停止，而地球迄今仍然持續活躍，同時演化出繽紛的生命。臺灣呈現了具體而微的地球重要自然活動。也可以說，擾動臺灣的主要自然力量（地震、颱風、土石流等）模塑著臺灣的山河與生命，不斷協助與賜與臺灣的各種生命生存的重大與必要力量。

四、棲境複雜多樣、生命繽紛強韌

　　綜合許多特殊因素，使得臺灣的棲境複雜又多樣與生命繽紛且強韌。這許多因素為（1）島嶼形成因素（兩大活躍板塊持續衝撞聚合中）；（2）地理因素（位於北回歸線劃過的亞熱帶）；（3）氣候因素（高溫與多雨的季風帶）；（4）生命因素（曾與亞洲大陸洲有陸橋相連）。這些因素也是臺灣所有生命長期演化的自然環境。這些因素長期影響臺灣，主導臺灣的自然演化，但是自從摻入了人類活動過多的因素，使得棲息環境越來越無法支持原本繽紛的生命了。

　　臺灣有繽紛生命的最基本條件是氣候因素。多雨造就了森林，高溫培育出常綠闊葉林。但是，臺灣也有氣溫較低的高山地區，針葉林成為優勢植物相。多樣與繁茂的林相適宜多樣與眾多的生命。目前已有紀錄之物種略高於四萬五千種，預測全部物種可能多達二十萬種。變化多端的微環境與隔絕的棲境適合演化出特有種。臺灣的特有物種比例因而相當高。例如植物物種中約有四成可列為特有種。此特有種是指只分布在臺灣地區的物種，這些特有種若滅絕了，便是從地球消失無蹤，連帶著它的全部基因也消失了。

　　這些豐富的物種是靠多樣的生態系來維持的。臺灣的地形複雜，山脈高聳陡峭，造成多類氣候帶，溪河眾多且獨自成系統，將地景切隔成更多小棲境，所以全島東西南北與自平地到高山，組合成眾多的各類棲境與生態區位。這些都是臺灣有繽紛物種與生態系多樣的根源。

　　要保育臺灣的生命現象與永續使用其它自然資源，必須先要了解臺灣的生態與環境。問題是我們對自己的生態（與環境）相當陌生。想了解的熱誠不足與意願也不強烈。

　　本文中生態的普世價值之「生態」一詞，與「自然」幾乎同義，兩者常會交換使用。

五、生態環境的普世價值

　　生態的價值何在？從時間的長河來看，人類是在自然的環境中演化出來的物種，自然的重要性自不言可喻。最近的人類

基因研究論文指出，人種尚處在演化之中[註4]。換言之，自然環境的破壞嚴重，甚至消失過多，人種的演化可能會因而中斷，人類世代將不能適應變遷中的地球環境，人種可有滅絕之虞。世界知名的生命演化學者愛德華‧威爾森在《論親生命》中指出，人類與其他生命共同演化著，人類若不再親近其他生命（即自然），人類的演化將會停頓[註5]因此，地球上所有的其它生命對全人類具有普世的價值。

從人類的功利主義為出發點，人類是靠多樣的基因、物種與生態系的本身及所提供的勞務才能生存與繁衍、有文明的發展與科技的推進，衛生與保健的保障。例如，當今的醫藥有四成直接或間取自植物、動物與微生物。生命多樣性對延續人類生存是顯而易見的，尤其當下尖端生物科技的發展，全得依賴基因多樣性的存在。

無論在全球的任何地方與時間，生態具有普世的價值。這些價值至少包括：維持大氣的組成及其品質；調節氣候；調控水文循環（包括防止大洪氾與大旱的發生頻率與嚴重性）；保護海岸區（保護珊瑚礁與穩定沙丘）；維持土壤肥力與化育（可穩定糧食產量）；消解人類製造的廢棄物；控制有害農作物的動物與病媒；協助授粉作用與保護天敵；維

註4：Still Evolving, Human Genes Tell New Story, by Nicholas Wade, New York Times, March 7, 2006.

註5：《論親生命》，愛德華‧威爾森著，哈佛大學於一九八四年出版。[Wilson, Edward O. 1984. Biophilia: The Human Bond with Other Species, Cambridge: Harvard University Press. U.S.A.]

護大量的「基因庫」。人類才有機會在近一萬年來長久改良作物與畜牲，而且基因是藥物與工業的原料。有健康的生態環境才能可持續地發展人類的文明與持續人類社會的發展。最後，好的生態環境可提供美質、陶冶心靈與抒解人的生活壓力。

無論晝夜，無論人類在工作、娛樂或休息的時段，自然生態系總有一群生物，為開花植物授粉，讓生態系內的物種得以延續。這是人類接收到「免費」而「必要」的勞務。全球的糧食作物中有八成靠昆蟲授粉，未授粉的雌花絕大多數不會結實，農業難以延續，人類無糧可食。全球的授粉昆蟲約有三十五萬種，其中蜜蜂就有二萬五千種。最近的研究資料指出，美國的昆蟲每年對其經濟的貢獻是19兆元新臺幣[註6]，相對的，我們的中央政府的年總預算不過1.6兆元新臺幣。其實，必須有健全的生態環境與完整的食物網，全球糧食之供應量與穩定性始能維持。

時下的精耕農業（犁耕、灌溉、施肥、輪作與用藥），若實施不當，未依生態學原則為之，往往傷害授粉動物與天敵生物，降低自然生態系的勞務項目與其品質了。

此外，人類親近自然與領受其勞務，有時是一種無形但可有實質功能的經驗。每人對親近自然雖有不同的價值觀，但是

註6：約翰・洛西與馬雪・沃思撰〈昆蟲對生態勞務的經濟貢獻〉，刊載於《生物科學》，二〇〇六年56卷4期301-310頁。[John L. Losey and Mace Vaughan. 2006. The Economic Value of Ecological Services Provided by Insects, BioScience 56(4):301-310]

不可否認自然有其價值存在。此價值歸納成啟迪靈感，撫平情緒，感激自然，並可能延伸愛護自然及其他野生命。

　　總而言之，生命的普世價值是在維繫人類之生存。生命對全球的生物圈、大氣圈與水圈的永續，佔著長遠與穩定的地位。保育生態與保護環境是隨時持續的工作，破壞生態環境雖可能不會立即遭至災難，但是惡質的生態環境無法保障未來世代的生活與福祉。

六、土地利用過當造成生態浩劫與環境惡化

　　人類是大地之子，是靠自然資源營生與存續的動物。大地之豐饒度與人類的生活水準及文明發展息息相關。可惜的是人類似乎沒有這層認識與遠見，也從未記取歷史的教訓。人類恣意取用地球的自然資源，既無節制，復無倫理，如今大幅度改變了地球的自然面貌，降低了地球的承載量，使得地球無法持續提供量多質高的財貨與勞務。

　　臺灣的自然環境在人為的使用之下，發生了大幅度的變遷。這種變遷復又受到上述臺灣的自然力量的加乘作用，使得有的破壞難以用人為力量復原，而有的破壞尚可亡羊補牢。本文從犖犖大者的破壞中，略舉數件，讓讀者一葉知秋。

　　物理環境的改變有道路網（包括鐵路）的密集與品質的粗糙；河川的整形（水庫、攔砂壩與河岸整治），地下水的超抽與地層下陷。化學環境的改變及污染（空氣、水域、土壤與大地）最令人擔憂。生命棲境改變為破碎的地景及外來入侵種的

肆虐，此皆需要我這一代立即面對與有待解決的生態與環境問題。

從整個臺灣的大地景看來，道路是破壞的第一殺手。全島縱橫的高速公路與鐵道，加上省道、產業道路及更小的道路，密如蛛網。簡單的統計顯示，全島道路長度遠超過四萬公里，是臺灣南北長度的百餘倍。路是切割地景的利刃，把地景切成碎碎小塊，進而中斷生態系之間的來往運輸，是滅絕野生命的最大因素。

臺灣水資源之利用與管理最大的問題之一，是地下水的超抽與水質污染的日趨嚴重。一九九三年的資料指出，年抽出的地下水量約七十一億立方公尺，而天然補注量不過是四十億立方公尺。所有的水井中，約有九成皆為未登記與未管制的井。臺灣的較大平原皆有超抽地下水與地層下陷的嚴重問題，其中近海邊的彰化、嘉義兩縣尤其嚴重，累積合計約430公頃。彰化縣的最大累積下陷深度將近二公尺半[註7]。地下水污染的問題與地層下陷一樣棘手。這幾個農業縣的地下水污染物中以硝酸鹽與氟化物的濃度太高，近海地區的地下水含鹽量也上揚，許多地區的地下水的硝酸鹽超過飲用水標準。地下水一旦受到污染，不是容易與短時間能解決的問題。此外農地污染（銅、鋅、鎳、鉻等重金屬）也有二百五十公頃，又以彰化縣面積最大，佔全部面積的七成，多因工業廢水排放引起的。

註7：〈地下層下陷概況〉，經濟部水利署（http://www.lsprc.ncku.edu.tw/）

　　談到臺灣的土石流大家都以災害看待。臺灣原本就是土石流經常發生的地區，然而自然因素（地震與豪雨）發生的土石流，自然界自會吸納與處理，成為正面的維持自然地形的力量。我們面對的問題是人為工程增加的土石流發生頻率與規模。這是人為土地利用過當造成的，尤其是築路於易崩塌的地方，低品質（低造價）與不良的道路設計，山區開墾為農地，每逢豪雨便崩塌連連，維修道路成了每年的儀式。我們如果仍然依循已過時的方式築路，不管制高山地區的農業耕作，土石流發生的災害是不可能有終止的一天，而且災害可能越演越烈。

　　臺灣河川的利用又是一個不永續的例子。河川對人類歷史、生態與經濟的重要性是無可計量的，但是我們眼中的河川只有供應水與挖砂石兩種用途。水庫壩址都已用盡，挖走砂石更是不遺其力，河川的重要生態價值卻置之腦後。

　　臺灣水生物的待遇遠比陸域生物差。因為河川整治（水庫、攔河堰、攔砂壩、堤岸整治、廢水傾倒）的結果，造成的土石流幾乎完全改觀河川的生態系，水棲生命的棲境幾乎全毀。再加上外來生物的引入，臺灣的河川生態系早已奄奄一息的進入彌留狀態。臺灣淡水動物（尤其魚類）之研究，不過才百年時光，最近的紀錄臺灣的淡水有224種，其中37種為臺灣特有種[註8]。然而，如今稚魚繁殖成功率不到三成，有些上游的大

註8：《臺灣淡水及河口魚類誌》，陳義雄與方力行著，國立海洋生物博物館出版，一九九九年出版。

支流更是魚蹤杳然。上游的水庫，中游的攔砂壩，下游的工業廢水、民生污水、禽畜的排放物，河床採砂石，緊貼河岸的道路網與橋墩都是水生生物的超級殺手。外來種（例如黃金福壽螺，美國螯蝦、真鱷龜、吳郭魚與琵琶鼠魚等）的引進，也使得河川生物的處境雪上加霜。外來種的生物量已佔河川總生物量的七成以上！因而溪釣的魚種十之八、九都是外來種。水生外來種生物對原生的水生植物也造成極大的生存壓力，許多原生水生植物族群變得更為罕見或局部滅絕。幸好，臺灣的各大溪流的系統相當獨立，雖然阻止了若干外來種魚的天然擴散速率，但阻止不了人為的野放行為。

七、跨過專業領域與機構的藩籬，共治生態與環境

生態學的研究指出：「生態系統的複雜度比任何人想像的都還複雜」，因此要發展新的生態管理概念。當前的「適應性管理」便是一新發展出的生態系經營法。要言之，所有生態系的管理，皆為一個大規模的生態試驗。試驗的成果用來修正管理計畫案。

此外還要打破傳統管理機構的本位主義與自掃門前雪的文化。革除各單位採用單打獨鬥的思維與做法，要採用跨領域共治的生態管理。組織間（管理機構）的傳統運作模式要變革，採用科學資訊來研擬政策，並增修與執行法律。從生態系統或地景系統的大空間規模及長期變動的尺度，來規畫生態保育、

環境保護與自然資源利用。而這些又必須從重塑「自然資源利用的文化」及重建「生態倫理觀」出發。

臺灣的行政系統運作還停留在傳統的政治組織形態與運作方式，是一套嚴謹的上下層級式的層級系統，是由上往下的命令與執行的運作模式。這早已不符合當代二十一世紀的知識：「世界是平」的概念[註9]。該概念可引伸為政府的機構之間是平面的關係，人員或小組之間可隨時遊走與整合。各機構之間可創造共識與共商大事。資訊溝通間的障礙已被電腦科技剷除。大家可在任何地域（可惜地球還是圓的，有時差問題）即時共同溝通。不但為本土規劃，同時也為全球規畫。其實，臺灣的自然利用方式帶來的生態危機與環境惡化，真像「臺灣是平的」，傳播得迅速又嚴重，如瘟疫之蔓延，不但是在陸地蔓延，而且及於四周海洋。如此下去，到了二十一世紀的中葉與末期，我們真不敢想像臺灣的生態環境是一個怎麼樣的景像了。

了解自然或人為因素促成的生態環境變遷，必須有一套嚴謹與有效的偵測變應系統，而我國對國土的自然變動與人為活動造成的變遷，未作有效的偵測、紀錄與分析，因而在經營國土方面極為缺乏科學依據的資料。我國雖有若干與生態與環境保護相關的法律（如《森林法》、《水土保持法》、《環境基本法》、《環境影響評估法》、《空氣污染防制法》、《水污

註9：《世界是平的：二十一世紀簡史》，湯瑪士・佛里曼著，雅言文化
　　　出版，二〇〇五年。[The World is Flat: A Brief History of the Twenty-
　　　first Century by Thomas L. Freidman.]

染防制法》、《海洋污染防制法》、《噪音管制法》、《環境
用藥管理法》等），但不論此等法律周全與否，在執行上絕對
有極大的改進空間。

其次是更需建立教育與研究的機制。目前全國一百六十餘
所大專院校，但並無一個稱得上教授陣容與儀器設備較為整齊
的生態學科、系、所、院。這居然是一個自喻接近已開發的國
家的表現。鄰近的日本、韓國、中國大陸皆有類似的研究與
教學單位，而臺灣卻沒有類似的機構，因此，生態研究不易提
升，生態保育也就淪為口號了。

近年來，非政府組織對政府的督促雖有長足進步，但是彼
等若缺乏科學根據的資訊，則仍然只停留在模糊訴求與外行建
議的層級。臺灣的大專院校絕對要設置「生態學系與所」，政
府（如國家科學委員會或教育部）也應成立「國家生態研究中
心」這類的單位，至少學學鄰近國家的模式。

八、全球變遷下的臺灣生態處境

如果把地球看做「一個」活生物，地球上的任何生態系皆
為必要的組成部份，臺灣也是這個活生物的必要部分，我們可
以想像臺灣的生態環境在全球生態環境的重要性與應扮演的角
色了。何況臺灣的生態環境問題的解決之道並非全部掌握在
我們手中。即使我們管理好了自己的生態環境，也不能保證生
態環境惡化就此打住。因為全球性的生態環境問題（如全球暖
化、酸沈降、臭氧層、海洋生態）會全面影響我們的生態環境

的策略與方法及成效。因此，我們要從跨世紀與全球的尺度，思考與看待臺灣的生態環境管理，並提出在本土上最亟需採取的步驟與說明預期的成效，並與世界的生態環境管理接軌。

「生命多樣性的保育、研究與利用」已是當前全球性的議題，臺灣也不能置之度外。我門不但要遵奉國際《生物多樣性公約》的規範及工作內容與時程，也要遵奉《東京議定書》的全球大氣二氧化碳減量的策略。

九、可能逃過「艱辛」的未來嗎？

臺灣號稱寶島，任何生態學者都不會反對這句話，問題是寶島頭銜的極限在哪裡？寶島是指美麗與動態的山河？溫和多雨的氣候？有繽紛的生命？還是指天長地久的適宜人居？我想這些全是因素，但是其中若干因素（如第一與第二項）是天賜的，是全靠自然力量維持的。第三項的繽紛生命，自然已經做到它能做的了，其餘的維持就靠人類了。最後一項是前三者的綜合表現，也是我們賴以生存的基礎。但是我們破壞了山河，讓多雨的氣候成為負面的力量，不但不能維持森林及其他所有生命的昌茂與健康，反而成為啟動土石流的開關。

然而，臺灣的生命（物種與生態系）是有彈性的與強韌的。只要我們不再破壞或放慢破壞的速度與力道，甚至修復已破壞的，河川生態系可以重建，野生物可以回春。許多局部護溪與封山的民間自發性的覺悟與行動以及成效，在在都告知原生魚回到溪河與野生動物可再現身山區的可能性。最近報章雜

誌的新聞不時報導政府取締盜獵成功的消息，這件事的背後表示野生動物仍有繁殖與增加族群的能力。然而，有許多造成的破壞卻難以恢復，例如外來入侵種的擴散，這不但牽涉到科技與管理問題，更與「倫理」有關。要用殺戮剷除我們自已引進的生命物種，是天人交戰的困難決定。因而知識與教育若不強化與尖端科技不能善用，只依憑似是而非的概念或反反覆覆的決策與行動，終究不能徹底解決生態問題。

最後，我們期待全國上下要致力於維護與修復已不能再承受破壞的臺灣生態與環境。每一個人，每一個團體，每一個政府單位，不但要各盡其能與貢獻其力，更要建立共識與集體行動，共同為世代的普世價值做出實質的貢獻。至於每個人，每個團體，每個政府單位要做什麼與怎麼做，並非本文要論述的範疇。其實生態是普世的價值，因而全球許多國家的所為都有範例可借，有文字書籍可閱，有法律規章可循，我想要保育生態的障礙不只是知識而更要行動，不只是財力而更要有信念，不只是科技而更要有倫理。

（文字提供：金恆鑣）

生生不息

講 者

饒夢霞

現　職

成功大學教育研究所副教授

學　歷

美國愛荷華大學　教育博士

美國佛羅里達大學　諮商師教育專士

國立彰化師範大學　輔導研究所

國立臺灣師範大學　社會教育系

專　長

諮商與輔導、生涯規劃、婚姻與家庭

從兩性看生涯

一、前言

女性在事業上本就比男性更難擁有自己的一片天。父母親對子女的期望無非是「望子成龍」、「望女成鳳」，而我卻這麼對我的孩子說，同樣是四個字：「活著就好！」自己人生就該自己選擇，填志願時沒有仔細斟酌，多半是一份不甘心作祟，很多學生因此迷思於自己所填的科系，但其實只要充分了解自己的系所還是能找到和自己興趣相謀合的工作，當興趣與工作結合，那生活就不再索然無味。

二、愛情是什麼？

愛，就是一種兩個生命間相互溝通要求、努力的感覺。這種溝通不單是兩人間不同意見的協調，更是指雙方在精神上的相屬，與整個生命人格的互相信任、開放、融通與合一，也就是臻於身、心、靈三者融洽的最高境界。

　　愛情是在兩人基於需求、精神上相投，且智能足以相配而迸發，最重要的是兩人必須全心相待。彼此間完全沒有猜疑、顧慮、堤防、自衛乃至小心翼翼。在這種情況下感情的相互來往是無礙的，彼此生命的實況是明白相映無蔽的。

三、生涯規劃基本理念

（一）生涯規劃的目的

1.突破障礙

　　必須自己克服那些恐懼不安、缺乏自信、態度消極等內在障礙，突破政局不安、市場趨勢不明、經濟衰頹、體能需求等外在障礙。

2.開發潛能

　　開發自我知覺、建立自信、增強勇氣、積極進取、培養實力、溝通技巧，只要能開發其中幾項，就佔有一定的優勢。

3.自我實現

　　實現以己為榮，充足自我智慧、圓融、喜悅和創造力。

（二）生涯規劃的三大方法

1.向內看

　　你是怎樣的人？你希望成為怎樣的人？你的才能跟可能的限制為何？

要深入且透徹的思考，探索自我的極限，傾聽心底的聲音。是所謂知己者明。

2.向外看

這個世界需要什麼？存在著什麼樣的發展機會與空間？建立寬廣且前瞻的視野，平時可以多閱讀《天下》、《遠見》等雜誌，可以讓觀看事情的面向更加宏遠。是所謂知彼者智。

3.做決定

把你自己放在世界上最恰當的位置；擇汝所愛，愛汝所擇。比較其中的利弊得失，從做中學，當自己做下決定的那一刻起，同時要為自己的決定負責。是所謂知時者得。

四、性別生涯路

（一）相愛為何要結婚

婚前戀愛的意義，在於相互發現一個可以與自己共同生活的人選。兩個相愛的人，在尋覓到適合與自己共度下半生的對象時，也有了共同生活一輩子的念頭，於是產生婚姻關係，相互承諾要永恆地為彼此的良好溝通做努力。

當戒指套在無名指上，也同時烙下彼此相屬的印記，從那一刻起，無名指有了名字。而婚後的共同生活，則需要夫妻共同努力，兩人共同遵守「互不相礙，兩不悖離」的原則。

（二）性別的生涯差異

男女生在十八歲以前幾乎無差異性。

在十八歲到四十歲之間，男女重視的層面開始有了微妙的轉變。女性前半生行為傾向於較關心且照顧他（relation－oriented）；男性前半生行為則傾向全力在工作上衝刺的工作取向（task－oriented）。四十歲過後，女性才走向自我肯定、獨立、自信的性格；相對的，男性在事業上略有所成後，卻逐漸變成感情取向，漸漸的以家庭為主要核心。

（三）生活型態（Life styles）與雙生涯型態（Dual Career）

男性畢業後五年，多半將心力投於事業上，渴望先立業後成家。而女性則以感情分配佔生活很大比重。兩兩組成家庭後，夫妻兩人要以何種生活型態共同生活？當一份待遇極佳卻不是自己想要的工作，為了家庭該如何選擇？若是另一半的薪資比自己優渥、社會地位也高於自己，你會覺得如何？為了感情，你願意犧牲事業嗎？如果工作剝奪你的休閒或享受嗜好，你又將如何？這些都是值得我們與另一半深思的問題。

五、結語

我們必須以了解、尊重與溝通開創我們的生涯。謹記十帖良方，共創雙贏的生涯路與兩性情：全力以赴，樂在其中，把

握機會，付諸行動及生活平衡（for生涯）；常相體諒心，常存感激意，常用誠懇詞，常回尊重愛，方能永守相知情（for兩性）。

（文字整理：蔡佳津）

講 者
王一鳴

現　職

臺東基督教醫院腎臟科主治醫師
中華民國內科醫學會專科醫師
中華民國腎臟科醫學會專科醫師
中華民國糖尿病衛教學會講師
中央健保局醫審會審查醫師
衛生署臨床重症諮詢委員

學　歷

中山醫學院醫學系畢業

專　長

腎臟病、尿毒症、腎結石、腎炎、血液透析（洗腎）

如何做好健康管理

一、前言

　　心臟方面的疾病是長久累積而來的,「健康資產管理」是一種投資,使健康管理成為一種資產。前中視主播馬雨沛提出健康存摺的概念她說:

> 健康是可以用累積的,平時要有健康存款(如運動和健康飲食)。當處於壓力狀態下,如果存款簿內空無一物,當然會透支,免疫力全被擊垮。如果存款簿內有足夠的健康積蓄,就足以應付突如其來的壓力和疾病。」

工商協進會理事長辜濂松說:

> 健康是可以管理的,就像經營事業一樣,只要用心的維護與保養,輔以正確的危機處理措施,讓身體每一部位都能保持最佳的運作狀態,就能確保身體「永續經營」。

可見想要永續經營健康，就必須從青春開始保養。

　　然而，人生沒有揮霍不盡的青春活力，社會人口老化是將來的趨勢，一旦過了25歲，體能及內在器官便逐漸走下坡。重要的是，你有沒有能力負擔醫療費用、看護的金錢，以及自己能否有不生病的本事、平時能否照料日常生活和自我照顧的體力問題。

二、健康的要素

　　健康的要素就五個層面來探討，分別是生理、心理、思想、財務，以及知識的健康。

（一）生理上的健康

　　身體，體力，飲食，運動與生活習慣。

　　致病的主要因子是身體底子差，這可能是原先就帶有疾病，因為體質或遺傳導致，若是先天的因素，就需要長期調養或接受專門性的治療。若為飲食習慣、不良的生活作息，或者是受氣溫影響造成疾病、藥物的不當使用，則能透過後天的控制而獲得改善。飲食方面，盡量減少攝取高鹽分高脂肪的食物，並且養成正常作息，吸菸及喝酒等不良習慣要適當戒除。生病即時就診，必須持有藥師所開的處方籤，而非隨便至藥局買成藥。

　　此外，要養成規律的運動，病痛就不易找上門。

（二）心理上的健康

心智，快樂感與人際關係。

人最重要的是認識自己，了解自己與做自己。世界首富巴菲特，處事都採正向的思考，綜觀全局再做出正確的評斷，加上他為人正直深受他人信賴，縱使收入豐渥，卻不吝於付出，不論是對他人或家人都毫無保留。曼格曾對巴菲特有這樣的評論：「他從不花錢，他要把錢回饋社會，他在建立一座舞臺，好讓大家聽聽他的想法！」

再如不丹這個全民所得並不高，但他們的百姓卻是世界快樂指數最高的國家。因其政府所追求是心靈上的提升，讓人民生活不受外界干擾。這也告訴我們，幸福快樂的生活取決於個人的心態和想法，就像孫大偉所說：「要看自己擁有的，不要看沒有的。」知足常樂、把握當下，才是最為重要的。

（三）思想上的健康

對未來的想像力（欲望）及家庭、工作上的期望值。

在思想方面，要能追求美好的理念、勇於改變和積極參予。對於未來，我們懷抱著想像力，不只是空想，而是必須一步步實踐。先釐清自己的願望，思考那些是可以實現，以及所能把握的事物。接著向宇宙下訂單，專注於自己的願望，並且調整頻率，預想即將擁有的感覺，試著想像實現願望時，臉上所展現的滿足笑容，當能更加堅定自我的執行力。

追求美好的理念是每個人都有的熱忱，而要有勇於改變的信念卻不是那麼容易。歐普拉，代表了美國的精神，也象徵企業家的成功。她從無到有的人生經歷，是她將自身不幸的遭遇，轉化成面對困境源源不絕的動力，例如一本《紫色姐妹花》徹底改變她的人生，她不斷地重複閱讀並且揣摩書中人物的心境，於是在一次試鏡中脫穎而出，重新找到人生的定位。她的一生讓我們看到，積極參與的熱情和年輕的生命力，更告訴我們，只要專注於自我的理想，未來是可以改變的。

（四）財務上的健康

薪酬，儲蓄，事業，投資，退休金，通貨膨脹與滿足點。

財務上的健康指的是我們所擁有的經濟能力，也就是工作。杜書伍說過：「人生像吃自助餐，要學會自己擬菜單。」做好自己的財務管理是相當重要的，等到亟需用錢時才不會求助無門，妥善分配人生的每一桶金，儲蓄、投資、退休金。大前研一也說：「脫離傳統思維，培養獨立思考的能力」，順應世界的潮流，拋開文憑主義，試著傾聽內心的聲音，做自己的主人，並且能勇於承擔創業或失業的風險。

職場的競爭力，現今正在重新改寫中！專業沒有退位，即使擁有專業能力能力仍舊不夠，還需要就業力（employability）。就業力是指一個人的態度、個人特質、職涯管理與自我行銷力，也就是永續實現自我的能力。畢竟，真正有能力的人不畏競爭，競爭反而更能突顯能力。

（五）知識上的健康

學習，搜尋，創意及態度。

「腹有詩書氣自華」，在這個知識爆炸的年代，投資知識和教育顯得相當重要。我們不僅要培養良好的學習態度，還要發展個人的獨特性。成績，不再是評斷一個人的準則，根據哈佛大學入學甄選，那些尋覓世界各行各業的未來菁英們所需具備的條件如下：樂在學習、有應變能力、活力充足、創意思考、關懷社會、有責任感以及有領導人的潛力。

打造一個多元學習的環境，讓學習者能接受不同文化衝擊，建立解答問題及克服挫折的能力和培養獨特的創造力。此外，因應全球語言的趨勢，在求學階段就打好英語基礎是非常重要的，相當的語言能力是一優勢，也是未來找尋工作的一項利器。

三、生理的健康管理

對於生理健康的維護，以下分從：（一）身體的底子；（二）疲倦；（三）疾病的迷思三方面說明之。

（一）身體的底子

1.原有疾病、宿因等

高血壓症、動脈硬化（冠狀動脈、腦動脈硬化）、糖尿病、高脂血症（高膽固醇血症）、高尿酸血症、腦動脈瘤、梅毒、心臟肥大、心臟瓣膜疾病等。

2.體質、遺傳

肥胖是動脈硬化的促進因子，對本疾病的發生有危險的影響。而高血壓、高脂血症則可能具有高遺傳性。

3.飲食習慣

攝取高鹽分的飲食習慣會促進高血壓。歐美的高脂肪飲食習慣會促進動脈硬化，成為心臟疾病的原因。

4.氣溫

寒冷、溫度的急遽變化等，亦可能是本疾病發生的危險促進因子。

5.吸菸、飲酒

菸槍（每天約20支以上）的心肌梗塞發生的危險是沒有吸菸的人的3倍。雖有研究發現適量飲酒能夠降低心臟血管疾病的發生，長期酗酒與血壓上昇及動脈硬化的關係亦被認定。

6.藥物作用

如服用避孕丸可能較易發生心血管系統併發症。

（二）疲倦

感到疲倦是身體對自己發出的警訊，睡眠能讓身體狀況獲得改善。即使睡眠也無法改善的是生理因素，睡眠品質不良和免疫系統功能降低有關，體內的T細胞是專門對付病毒和腫瘤，一旦T細胞的數目減少，生病機率也會隨之增加。

造成疲倦另一可能是罹患疾病，可能是B型、C型肝炎的帶原者、貧血、甲狀腺低下、血糖太低、心臟無力腎衰竭，或者是憂鬱症……等等。

（三）疾病的迷思

1.水腫

水腫不完全是腎臟病。兩腳水腫是內科疾病，一腳水腫是單側硬化的外科疾病，像是血管阻塞、血管硬化。兩腳水腫的原因，可能是靜坐太久、經期、藥物、心臟無力、肝硬化、腎衰竭……等等。因此，心臟衰竭造成水腫為乎甚微。

2.頸部僵硬

頸部僵硬和中風沒有任何關係，透過按摩可以獲得改善多半是肌肉問題。如果是痛在中央而且有手麻的症狀則是頸椎疾病。至於造成高燒、昏迷的腦膜炎機率甚微。另外，中風前兆是什麼？中風其實沒有前兆。

3.高血壓

大部分的人收縮壓超過180mmHg才有會有頭痛的症狀，但仍有些人渾然不覺。血壓高不見得會頸部僵硬、頭痛，但疼痛、感冒及失眠會使血壓升高，低血壓才會有頭暈的症狀！預防高血壓是為了預防中風、冠狀動脈心臟病、腎衰竭、血管硬化等疾病。

4.頭痛和頭痛

頭痛有以下症狀，如有「酸」的感覺多半是緊張型頭痛，搏動式頭痛併嘔吐則是偏頭痛，快速抽痛如針刺或火燒是神經痛。其他像是出血性中風、腦瘤、腦膜炎也會成頭痛。頭暈若是眩暈，多半是內耳、小腦造成，嚴重還會有吐和耳鳴的症

狀。昏厥的感覺則是貧血、脫水、低血壓、心律不整、心衰竭。失眠、熬夜則是頭重腳輕的主因。

5.下背痛

兩側同時酸痛者，且兩側肌肉痛其實和腎臟沒有關聯，中央痛主要是腰椎及肩椎。若是單側且在腰部上方，劇烈絞痛可能是尿路結石，若是高燒及壓痛併排尿灼熱、頻尿則可能是急性腎盂腎炎。

6.糖尿病

糖尿病危險因子主要是遺傳、性別、年齡，這些是無法控制，但是肥胖可控制，藉由運動可以改變生活習慣！達到每週運動至少三次、每次30分鐘以上、運動時讓每分鐘心拍數跳到130下為標準。

四、可怕的疾病

（一）高血脂症膽固醇

膽固醇是合成荷爾蒙的原料及造成血管硬化的原兇。高膽固醇，像是膽脂瘤並沒有症狀可預防。

膽固醇30%來自於飲食，70%則是肝臟合成。多攝取低膽固醇食物、高纖食物、魚油，必要時由醫師開列藥物，才能降低膽固醇。

（二）三酸甘油脂

三酸甘油脂（TG）正常值應小於200mg/dl，一但過高會導致急性胰臟炎。大於500mg/dl則需要服藥治療。若合併低HDL（TG/HDL > 5）則可能導致心血管疾病，需要服藥治療。不良的飲食習慣，如酗酒、肥胖、過度甜食及油脂食物會導致TG升高。

（三）高尿酸症及痛風腎臟病變關節病變造成心血管疾病上升

高尿酸症及痛風腎臟病變關節病變造成心血管疾病上升。尿酸（UA, uric acid）正常值小於6.8mg/dl大於7mg/dl時，身體就會開始堆積尿酸，高尿酸症多為排泄不良造成的。尿酸值太高表示容易關節結晶沉積，亦是心血管疾病的重要原因。「愛喝酒的肥胖老男人」為高尿酸的危險族群代表。男性在青春期後尿酸上升，而女性在停經後才上升。

（四）高尿酸症及痛風

高尿酸會導致痛風，反覆痛風會導致關節病變及腎功能異常。痛風一次只痛一個關節，95%以上在下肢，大姆趾根部、足背足踝及膝蓋最常見。沒罹患痛風的高尿酸症則不需治療，除非大於10mg/dl才需就醫。造成尿酸主要是攝食太多的豆類、內臟、帶殼海產及酒精、香菇、蘆筍、高湯湯底等，都是高尿酸患者致病的主因。

五、現代人的文明病

（一）環境荷爾蒙

主要來自現代日常用品或化學物質，如電腦、清潔劑、餐具、沙發、地毯、裝潢、塑膠製品等。隨著揮發、清洗而排入大自然中，再透過食物鏈回到人體。只需要極低的濃度，就能惟妙惟肖的模仿天然的荷爾蒙，直接刺激或抑制生物的內分泌系統，引發身體各個系統的混亂與崩潰，甚至致癌。

（二）三聚氰胺

三聚氰胺是一種重要的氮雜環有機化工原料，主要用於生產三聚氰胺—甲醛樹脂，廣泛用於木材加工、塑料、塗料、造紙、紡織、皮革、電氣、醫藥……等行業。三聚氰胺本身是無味、無毒的白色粉末，因其中一個C上連結三個N，故在蛋白質含量檢測時，可以增加蛋白質總量的指標。大量（0.36gm/Kg,BW/Day）食用後會以原型聚積在腎臟，造成腎結石、膀胱結石，併誘發膀胱癌。如果沒有大量食用，濃度不高的三聚氰胺多半會隨著尿液排出。

（三）毒米、食用肉品、內臟重金屬汙染

食用物受殘留農藥、殺蟲劑、除草劑造成的疾病。因化學肥料含氮和磷，會使水中藻類滋生，惡化水質。工業廢水則會

造成鎘中毒，像是痛痛病會導致骨骼軟化及腎功能衰竭。多氯聯苯是人工合成的毒性化合物，安定性高，幾乎完全無法自體內排出，對免疫系統、肝臟、荷爾蒙分泌造成重大損害。

（四）反式脂肪酸

反式脂肪酸是氫化油（人造奶油）的製作方法，是在每個植物油分子裡加兩個氫原子，使原本順式脂肪酸（cis－Fatty Acid）變成反式脂肪酸（trans－Fatty Acid）。由於氫化油不易敗壞，可重複高溫油炸，使食物酥脆、賣相好，很多業者都使用氫化棕櫚油來油炸食物，例如炸雞、薯條、洋芋片、餅乾、蘇打餅、爆米花、油條、臭豆腐、鹽酥雞……等等。

由於反式脂肪酸在我們的生化反應裡是完全不被接受的，所以會導致體內生理功能出現多重障礙，就像原本應該吃油的引擎，卻以水代油灌進油箱一樣，久而久之，引擎自然就會故障。氫化植物油吃越多，癌症罹患率越高。自然界幾乎不存在、人體無法正常代謝、有肝毒性、干擾必需脂肪酸的代謝、細胞膜缺損、荷爾蒙障礙、增加壞膽固醇、使血管硬化、心肌梗塞、腦中風、過敏、自體免疫、免疫力下降、癌症、糖尿病病變。

（五）精神病

罹患精神病的患者，其實自己根本不知道自己患有疾病，多半是被強制就醫才發現。另一種是精神官能症，這類患者自己知道有病，而且會自行就醫。但兩種疾病都有焦慮不安、緊張、畏懼的狀態！

六、小結

　　班‧庫巴塞克曾說：

　　「人生毋須『竭』盡所能，成功只要均衡。」

　　請記得好好地照顧自己，因為健康的身體比任何事都來的重要。健康，是人生中最傲人的財富。擁有健康的身體，才有健康的人生，有健康的人生，才有成功的未來。

（文字整理：蔡佳津）

講者
鄭雲修女

現　職

前臺東聖母醫院院長

學　歷

美國聖路易斯大學醫療管理碩士班、彰化師範大學心理輔導系

專　長

服務、醫療管理

講者
邱毓倫

現　職

臺東聖母醫院護理主任

專　長

安寧照護

安　寧

──僕人精神

　　大家早，很高興看到你們這麼多年輕人，讓我感到自己也年輕了好多。我現在已經是個白髮蒼蒼六十三歲的人了。今天受邀來演講，講的是關於服務精神與僕人精神的主題。最近談僕人精神好像也是件流行的事？在坊間有很多書，我看了一些，但因為大家都有機會看，所以我就不以書籍中的言論來介紹和分享我的看法，就從我是一個仁愛會的修女，來談我所體悟到的僕人精神。

　　仁愛會是在法國大革命時成立的。在十六和十七世紀之間，由於內戰頻仍，貴族和平民的問題很多，社會的平等性出現大問題。仁愛會的會主是聖仁生和聖安殊二位。他們很同情窮人，特別是打仗打得很厲害，士兵能調的都調走，在窮人裡，有些是私生子，有些是遭遺棄的孩子，還有不獲照顧的老人家。當時只有一種一般人都看不到他們的隱修會在默默注意關照這些人，我們的會主他們雖在隱修會，卻有一種特別的想法，就是讓他們走出修會，到街上照顧這些流離失所的窮困之人。他們的行為本身就是一種僕人精神，服侍自己選擇的主人──窮人，這也正是我們仁愛會的精神。如果你是教友，就會

知道修女和神父都會發願，發願就是指我要遵守我的誓願。在修女的部份，一般的三願是，服從、貞潔跟神貧。我們除了要過比較平淡簡樸的生活，還多了一個服務窮人的願。我們一定是服務窮人，要把窮人的事放在第一位，這就是我們修會的精神。

我們服務的態度，就是學習做僕人，僕人的精神就是我們的典範。當然，僕人、窮人和一般人都一樣，就是我們都有優點和缺點。有關僕人的特性，從我們的角度說，就是在天主內，我們相信天主，我們也相信有一個神，而我們大家都在神的裡面。中國人有天公，或是天下為公的說法，意思是我們都在這天公之下，天公是我們的天。盤古開天和我們的天主都是同等地位，意即我們都是被造出來的，不是自己生出自己來。在主內，僕人的特性即是：尊重、持續、感性和奉獻。尊重是指我們尊重每一個人，不論他是病人或窮人，我們到他面前，就要尊重他。我們的會主有一次提醒我們，當別人讓我們服務以後，一定要謝謝他給我這個服務的機會，不這樣做，我們所做的就不是尊重，只是把他看成是一個對象。人人平等是眾所周知的道理，但是我們要做出來，做到在服務的時候，讓我們所服務的人感覺到被尊重，不是因為我們比較厲害所以來服務你，幫忙你，這個是我們特別要強調的精神。

持續性的意思是，我們去幫一個人的忙，不能幫一下就走，而是要持續的，在這方面，我們的安寧照顧，可以提供你們做一個很好的範例。感性指的是，人跟人的來往真的是不分彼此。我們有沒有錢，我們做什麼事情，我們每一個人的存在

都有他特別的意義，我們都有我們的潛能。有時候我們的潛能不一定很外顯，有時候有一些人的潛能很快就被別人發現，還有一些人，他一進來我們就可以發現他會把特別的氣氛帶給我們。每一個人都不一樣，但是都是很可愛的，對不對？在我們中間的每個人也是一樣，我們互相尊重，互相來往時，那感性的一面，就是在我們服務別人時，如果我是個護士，我進到病房內，不是光量血壓和打針，做完這些例行工作就離開，沒有跟病人說一句關心他病況的話，甚至還驚嚇他，都是不好的。不管怎麼樣，這些都是幫助我們知道下次該如何找到更好的方法去服務別人，感性就是把別人當成跟我們一樣是有感覺和有感情的人。

另外是奉獻，奉獻不只是我們修女或修士，尼姑或和尚他們也都是奉獻的。在我們的潛能發揮當中都有一個聖召，都在叫我們發揮自己，例如在家庭裡那一很重要和很神聖的地方。我常對人說，每個人的家庭生活，比他們的聖召生活有更深入的影響。想想父母一天二十四小時跟我們生活在一起，他們一定要有很好的溝通，才能知道怎麼樣帶領我們成長，從這點來看，父母是不是需要學很多東西？他們都有很深的修養。所以當你們要成立家庭時也一樣，你們在修練方面會越來越進步，那是蠻自然的，在這自然當中，我們會更實在。當然我們修女和神父會有一些另外的形式，我們也有深入的地方，但是我們很佩服家庭裡夫婦的修煉。在這一個奉獻方面，我們修道的人是要秉持一個愛的精神來奉獻，但是愛的精神主要沒有辦法把目的放在愛裡面，不是因為我愛你，你就要當我們的教友，我

愛你你就要唸阿彌陀佛，我們就是愛你真正的樣子，就像天主愛我們，接納每一個人，每一個人都不一樣，但是都很可愛，愛沒有特別的目的性。如果我們把目的性放在前面，就把愛的真諦搞歪了。

我們的服務，要很有創意，創意的意思在天主教的教義裡，是指每一個人都是天主的肖像，天主會創造，我們也有創造。如同現在你坐在這邊，你的頭腦可以想得很遠，或是你可以想到一個很特別的主意，那些都跟創意有關，跟我們天主的創造有關係。在服務窮人的過程裡，要把自己的創意發揮出來。就如仁愛會是一個國際性的修會，所以我們都要試著去適應當地的文化。有菲律賓或是其他國家的修女來到我們的臺灣，我們也要跟著認識我們彼此的文化。事實上對每個家庭也是如此，我們要瞭解別人家庭的文化，按照他們的需要來服務，這是在我們在服務態度上要注意的，也就是你的幫助是幫助別人需要的，不是我們的需要，這是很重要的態度。

同時要經常檢討自己，有時去服務別人會有企圖心，就是我做這個是為了什麼？我們在修道的過程裡，針對這一點，我們要常常自我反省：我們的服務是不是很真誠，很純樸，而不是要求有什麼回報。在我們的安寧病房裡面，邱主任提到，陪伴臨終之人，你所要陪伴的不一定是老人，也有可能是生病的病人，你要注意到他們的需要是什麼，這時就要發揮我們的觀察力跟創意來發現和符合他們的需要，在這方面是邱主任非常在行，接下來我就把時間交給她，如果你們有想到什麼問題我們待會兒再討論，謝謝。

邱主任：

我接下來要講的是安寧療護，如果你們覺得太沉重或太累，或者不太想去面對死亡這個議題，我希望仍能夠有互動。你們不一定要舉手，但你們聽懂的話，就可以稍微點個頭回應我。

我想在場的同學應該知道，臺灣衛生署連續二十年公告的死亡疾病中，所佔比例最高的就是癌症。二十年來癌症都是死亡原因排行榜的第一名，每四到五分鐘，就有一個人被診斷為癌症。我們用了二十幾分鐘演說，想想在外面，還有一些沒有做治療和篩檢，但是他已經是被癌症侵犯而不自知的人。你們由此可知癌症基因有多麼恐怖，所以每個人都有可能面臨身邊的親人或是朋友曾經死於癌症，或是還沒死亡，已經在接受癌症的治療，在身體上或心理上，受到癌症折磨或是不安的困擾病人。希望你們有心理準備，等下我有些照片會帶給你們一些震撼教育，讓你們看看安寧病房裡的病人長什麼樣子，是不是如你們想像的那麼恐怖？或者癌症病人都是愁眉苦臉、病厭厭、痛苦的、哀嚎的，讓你們看看這些影像，實際去了解我們在臨床上照顧的病人是什麼樣子。

當我的家人罹患癌症時，你要怎樣去面對自己的家人，這就是我今天要跟大家分享的重點。你不要鐵齒的說家人不可能是罹癌，我並不是詛咒，而是機率太高了。你身邊的同學或家人，都有可能是下一個被診斷出得病的人。所以我們要能吸收這個觀念並把這樣的觀念消化後，很正常健康的以正向能量去面對它，我覺得這是我今天來到這裡的目的之一。我們一步

一步來，剛剛鄭修女已介紹過僕人的精神，我後續的內容，都要呼應什麼是僕人精神的臨床作為，然後最後要請同學來回應我，我們護理人員在臨床操作的行為，有沒有符合剛剛鄭修女所講的那種僕人的立場。至於其他關的問題，我希望在十一點半之後，歡迎同學能夠給我一些回應。

剛剛修女有提到，仁愛會是什麼時候創立的？是十六還是十四世紀？在更早以前，「安寧療護」在當時還沒有這樣的名詞，但確實是有一個地方，在十二世紀人潮聚集處，出現像武俠片中客棧那種地方，當時的人稱呼它為驛站，當人騎馬騎得很辛苦時，便能在那裏休息喝一杯茶。到十九世紀，貧病或是垂死者的收容院，就是由那些修女站在最前線。剛剛鄭修女提到，在十六世紀這個時期有許多的戰爭，有很多孤兒和受傷的阿兵哥，誰到前線去照顧他們？還有一些垂死的個案，在十九世紀「十字軍東征」，其中之一就是有很多的修女進駐其間，帳篷上標著紅色十字架，那些修女在那時還稱不上會員，卻正是她們在前哨照顧這些垂死的孤兒、眷屬或是死於戰爭的阿兵哥，那樣的地方在十九世紀是收容院。

到了一八七九年，都柏寧的修女在英國，也就是安寧療護的起源地，教會醫院有很多不同的教派跟修女，有所謂的仁愛會，也有其它的。我印象中最深刻的就是德蕾莎修女所在的那個修會，看到她照顧癌症臨終個案那樣細微的動作，使我在小時候心中就發願。記得我跟媽媽去教堂，看到修女，就會一直抱著她，因為我就會想到那個畫面，修女在照顧那些瘦得肋骨都可以清楚看見的小孩畫面，讓我非常非常的尊敬她們的精

神。一八七九年那個修女照護癌末病患的療養院，開始出現有癌末患者，之前大多是因戰爭而生的病患，還有一些是家屬遺眷等。

安寧療護正式開始是在一九六八年，英國倫敦一個教會醫院的護理人員，他本身是護理人員，也具有社工的身份。他在四十歲時去念醫學，因為覺得護理人員沒有辦法照顧癌症末期的患者，因為一個全人，是要能獲得身體、心理和靈性的照顧，所以他發願，他要對病人從事全人照顧。那時有一個 Cicely Saunders 護理人員社工醫師的身份，開始去推動「安寧療護」，在英國的 Sanceisb Hasbe 一個克理絲多福安寧醫院，他們整個醫院就是在照護這些安寧、癌症末期的病患。安寧療護的概念在一九八〇年傳到日本，臺灣是在一九九〇年由臺北淡水馬階醫院開始，到一九九六年，我們是第一批受訓的護理人員，所以我很早就接受了安寧療護的訓練。而我的稱謂一直沒改是因為我總覺得我是護理師，照顧這些病人是我的職份，也是我樂於擔任的工作，直到現在我還不能接受我是行政主任。我也不太喜歡行政工作，因為只有在和病人接觸時，才能喚醒我生命的意義是什麼，我堅持從事安寧療護的工作，我也以我的工作為榮。

關於 Cicely Saunders，是有典故的 Cicely Saunders 為什麼要去念醫生，是因為他碰到的個案大衛，當他痛得從床上滾到床下，問他這個護理人員，你再怎麼陪我，再怎麼跟我講話，我都不理，因為你的藥不對，就是沒有辦法拯救我。你給的藥，不是你開的，是醫生，如果醫生藥開錯了，沒有辦法針對

症狀處置，你有再多的愛心，再多的照顧，都沒有用，病人還是痛。因為大衛是疼痛到死，所以他發願，捐了一筆很龐大的錢，交給Cicely Saunders，他說，我死之後，把我的財產拿去，用在你以後要專心照顧的癌症病人身上。安寧療護就是從這位大衛先生委託Cicely Saunders做安寧照顧開始的，這觀念推展到臺灣，轉眼也十五、十六年了。

我們面對癌症病人，在傳統的醫療的體制底下，有人應該有家屬、朋友或同學出過車禍，發生意外一定會急救，這沒有問題，但這些病人是怎麼被照顧的？救人急，因為是意外，不是其它疾病，我們一定救。但今天，當他是一個癌症病人，雖然沒有被診斷出是末期，但是已經轉移到骨頭、肝藏、肺或全身，今天因為跌到，或其他的原因被送到急診室，我請問，如果你是家屬，你的家人得癌症，送到急診室，醫護人員要急救，如果那個病人是你的男朋友，或配偶，醫生說要救你的先生，你當下會怎麼回覆？要救嗎？我剛剛講過，病人的癌症已經轉移到全身，我們要救，覺得要救的點頭一下，覺得不要救了的同學，也給我一個回應，沒有回應是因為：不知道？我很為難？我很掙扎？不救好像要放棄他了，要救他又會增加他的痛苦，兩難耶！

最終那位癌症病人被急救了，結果如何？我在民國84年畢業時，是去加護病房工作，第一年在IC WU有一個39歲的男病患，被火車輾過，他是位肝癌患者。但在還沒送到醫院時沒有人知道他得肝癌。他喝酒醉闖平交道，雙腳沒斷卻被輾碎了，送到彰化秀傳醫院，剛好是我第一年在加護病房，送來時肚子

腫大，腹水，全身黃膽，還不包括在截肢雙腳上的潰爛傷口。要不要急救？當然要救，我們在急診室裡面急救，太太30分鐘後趕來，她來時，管子已經插進去，呼吸器弄上去，鼻胃管插了，導尿管也插了，手被綁住。如果你的家人是這樣被對待，我現在問你們，你希望不希望你的家人被救活？你們以為急救是怎麼一回事，很痛苦的！病人被電擊時，會整個跳起來！骨頭是被壓碎的！尤其是骨轉移的病人，他的骨頭像蜂窩，一個一個洞口，你輕輕一按，會喀喀喀響，根本禁不起按！當我們在正常進行CPR時，壓在正常的位置，在急救慌亂時，沒有人注意位置正不正確，反正腹部上方就按下去了，萬一剛好按到是骨頭、肋骨呢？加上腹水腫成的大肚，按下去更不舒服，病人掙扎，護理人員還能做急救工作嗎？當然不行，所以要綁起來，還要不要打鎮靜劑？但這能像人一樣被對待嗎？

這就是我的經驗，傷患出車禍，我在加護病房被通知要去急救時，看到這個癌症的病人，就是那種急救的狀況。當時安寧療護還沒有立法，所以在那之前，醫生為要保護自己，無法不救病人，否則有違第十六條醫師法，他會吃官司。在民國89年，安寧療護法通過，醫生才受到保護，只要病人同意我不需要被急救，簽了同意書，站在法律上，醫護人員是有保障的，不會被告，因為我是為了病人和家屬，取得了他們的同意，不需要接受這樣的急救。回想當年那個病人急救了一小時，在那一小時中，我看到了大出血，我一個才新進半年的護理人員，簡直讓那個場面嚇死了，病患身上整個血就噴出來，因為頸靜脈膜破掉，壓力太大，一壓上去，血整個噴上來。我按的時候

感到很對不起那位先生,因為骨頭被我壓斷了,我一直覺得很內咎,但那卻不是我所能控制的,因為當下醫生跟我講要按,我是知道要按,可是醫生沒告訴我要按多久,我就一直按,骨頭斷了幾根我不知道,在當時的情況下我怎麼還可能會去數呢?我按了沒多久,醫生就開始電擊,那個畫面至今仍讓我無法忘記。

我當初為什麼要選擇來安寧病房,就是看到了這樣的病人,在我第一年在加護病房的經驗中,受盡折磨。你能夠想像嗎?我剛剛說的那個病人,他走了,但是在印象中卻還一直在我的腦子裡,一直要提醒我,我能夠把關,不讓這些病人受這些不必要的折磨,我能做的就盡量不要病人插管。急救用的管子,最細的也要通過你的鼻子和嘴巴,到你的氣管,萬一你掙扎時,牙齒會去咬,你要做撐開的動作,病人會不合作,他會流血,會麻,所以會被綁住,因為不願配合。我不是要嚇你們,實際情況就是那個樣子,他的太太在外面,在我們急救一小時之後,隔著窗簾,宣布死亡。其實早在30分鐘內已經救不回來了,我們仍要拼命救,救了讓你自己心安,讓病人家屬知道我們仍在急救,其實病人來的時候是沒有任何生命跡象了,所以我們是真的為病人想嗎?沒有,我是站在我是醫護人員的立場,為避免觸法,所以我要拼命救,我怕被家屬告,說你們沒有拼命救人。

事實上,我們沒有看到病人,我只有看到身上一大堆管子,但是這印象直到距今我離開加護病房已十年,仍一直在我腦子裡,那是護理人員的無力感,我只是一個新進的護理人

員，我懂什麼，我只知道要聽醫生的指示，醫生說做什麼就做。我無能為力，但是我很心痛，因為十幾年前那個個案，大概和我爸爸同齡，我多麼不願意我的救護工作傷害到他，尤其是骨頭斷裂的那一刻，真的是讓我好自責，整夜難眠。那一天還跟我的護理長討論，可不可以不要讓我在加護病房。我做了八個月離開，因為自責。當時那位病人臨終時，我還沒有做遺體護理，只拎了一塊白布蓋上去，殯儀館的人就把他推走了。現在的醫療品質，一再的要求全人，我們一直要照顧到最後，如同剛剛修女所講的，是全程，是人一直到死時，都是我們的責任，還包括對家屬的情緒安撫，這就是安寧療護的精神。絕對不是像當年我在加護病房急救的那位患者一樣，急救無效，用白布蓋上就走人了，那對我身為一個護理人員的護理生涯，是一個很大的挫敗。對我而言，看到人死亡的第一個經驗是被我用白布蓋著，管子拔一拔，連清都不用清，那是由阿桑做的事情，死者就這樣被推出去。

但是你們知道這樣一套急救的過程要花多少錢？呼吸器，那些急救的動作，對一個一個小時後就要往生的病人，這樣的醫療對健保局要花到多少錢？一個動作就要一萬塊起跳，這個病人的生命只有一個小時之內。如果我是家人，或許我覺得值得，需要急救，因為我覺得值得，我要救，但是多添病人的痛苦啊。可以想見健保局會虧錢的原因之一，一個癌症末期、多發性轉移的病人，除了有健保局要提供的支援，還有讓護理人員自責到現在。家屬看到病人的時候是一塊白布蓋起來要推到殯儀館，你能夠相信那個病人還有一個念小學的孩子，小孩知

道那個白布裡面是他爸爸，他的媽媽就這樣牽著他走出醫院大門。那一幕多辛酸啊，這是我的第一次護理經驗，我人生第一次，第一個交託給我護理生涯的震撼教育。

在八十九年安寧療護立法之後，我們能夠給這些癌症末期的患者以及漸凍人一些必要的照護。各位聽過漸凍人嗎？你們知道最後他們會因為什麼原因死亡？生病到末期，漸凍人會不知道他要呼吸。我們正常人，像你在聽我上課，你知道不用很用力，就可以知道我們身體有一個機轉，會告訴你要呼吸，也不用刻意去呼吸，這是由於我們的腦神經會告訴這些神經要做什麼，那些神經就自然的會去呼吸。但是像漸凍人這樣的病人他不知道，或是忘記了，他的呼吸功能被剝奪了，所以他必須用到呼吸器，他必須使用人工的器具來幫助他呼吸。最後連呼吸器官的肌肉都沒有力氣，肌肉萎縮到最後是懶洋洋的，連呼吸的力氣都沒有，需要人工的機器來幫他處理，漸凍人瀕危也是需要一些機器來幫助他。現在科技已經很發達了，有一種機器可以用瞳孔來控制電腦，病人一直躺在床上很無聊，手不能動，因為肌肉萎縮，這時他就只能用他的瞳孔去對應，控制電腦打字來與外界溝通，這是對漸凍人很先進的醫療部份，而這種醫療護理也已開始實施了。

我們現在安寧療護收的病患主要都是癌症病人，漸凍人已經列入重大疾病，已經是我們安寧療護照顧的對象。以後那些器官慢性衰竭的病人，像洗腎的病人，都有可能會是我們安寧療護照顧的對象。為什麼一直說安寧療護是全人的照顧？因為我們有一個醫療團隊，照顧病人、家人，會一直陪著病人到

他死亡，以及他往生之後的全程。往後各家醫院的醫療方向，就都是要朝著以病人為中心的概念做事，所以如果你不懂、不知道安寧療護在做什麼，你這個新新人類就落伍了。你們知道了這樣的觀念，這麼新的醫療觀念，知道以後醫療的趨勢是任何知識，都是在用這樣安寧療護的理念在照顧病人，而這不是只有要面臨死亡的老人聽的，面對死亡的教育從小孩就要開始了，我們有生就要考慮到死，不是嗎？

　　我們現在好像是有點逼迫你們提早成熟，要去面對死亡真的太沉重，但事實上，一點都不是如此，就是因為我們小時候的死亡教育觀念不健康，才會讓我們害怕怎麼去面對臨終之人，甚至，你們恐怖片看太多了，看太多貞子，看太多上吊的人，舌頭伸那麼長，然後頭一擺就死的那一種，那種畫面都是不健康的死亡，那些教育，那些媒體都是不健康的。死亡是件美麗莊嚴的事，等下我讓你們一張張的看，我們的病人在安寧病房是怎麼面對死亡，他們的生命都有一種美。

　　在癌症病人身上有很多的不適，我們剛剛講過腹水、水腫、吃不下、便秘、睡不著等等，一個病人的診斷就有八到十種的症狀，一個病人躺在床上，每天要承受身上有八到十種不舒服的症狀，不免會想乾脆不要活了，活得那麼痛苦做什麼，乾脆去自殺算了！現在已經不用去擔心這些症狀不被緩解，安寧療護最重要的第一線照護是身體症狀要緩解，緩解了病人才有體力跟能量去想要做什麼。如果病人每天就是面對著天花板跟時鐘，然後每五分鐘痛一次，每十分鐘痛一次，我的人生就是看著時鐘過，因為我的身體一直在痛，甚至我的家人就跟著

一起痛。現在我們的病人一聲痛，就連家屬痛護理人員也痛，看著病人痛我們全部都痛，以前我們老師教的tolltollten是有身體跟心靈跟靈性，現在在臨床上是病人痛，衍伸家人也痛，護理人員也痛，醫生也痛，因為我們都是以病人為中心，看見病人不舒服，我們也跟著焦急，因為病人是我們的家人。我們是這樣去對待我們的病人，這不就呼應了僕人的精神嗎？我們沒有目的去照顧病人，我們會去照顧病人，只是因為我們把他當我們的家人一樣的看待，不是因為他能夠感謝我或是其他醫護人員，我們是沒有任何的利益關係跟目的去照顧這樣臨終的病人。

身體要先被緩解才能去看到心理的靈性被滿足，生命不能夠延長的時候，就不要在病人病危時做心肺復甦術、CPR，還有電擊。在加護病房這些急救方式，都只能延長病人的痛苦，所以我們現在的民眾，對我們安寧療護的認識已有一定的普便性。如果在這十幾年，我們推廣安寧療護的觀念，如今能有六、七成的人能接受，就已經很不錯了。以前要推行這種想法和作法是很困難的，因為老人家很忌諱，甚至認為安寧病房是將死的人才要去的地方。現在已不是如此了，而今的小學教育和媒體已經開始在進行關於死亡的教育了，你只要有正確的死亡教育，你面對臨終到自己死亡的準備工作，都會是很踏實的，因為從小時候起，我們就開始在學習面對死亡的課題了。

我在安寧病房工作十幾年，在這樣的護理生涯中成家立業，我有兩個小孩，我常常帶他們一起參與照顧病人，一起做口腔護理。我的小孩小二了，我們常常通電話，她會說媽媽你

今天會不會很辛苦？我說：我每天都照顧阿公阿嬤，每天都幫他們清潔刷牙，我就很高興。像上次我帶你去幫阿嬤刷牙，阿嬤不是嘴巴有流檳榔汁嗎（小孩子不知道那是血，以為是檳榔汁）？那個阿嬤彌留臨終是八月份的事，父親節前後，有一個阿嬤要來病房，我們剛好有一個父親節送卡片的活動，然後我就帶我孩子參加，那時剛好那位阿嬤要臨終了，嘴巴裏都是那種吐血的渣漬、血漬，她跟著我去病房，我跟我的小孩說：你要不要幫那個阿嬤檢查一下？然後我的小孩就很高興的說：好啊！然後就拿著我隨身攜帶的小手電筒往阿嬤的嘴巴一照，我的孩子就很興奮說：媽媽你看，那個阿嬤一樣吃檳榔。

其實那是吐血，然後我就帶著我的女兒，一起幫她清理嘴巴裡的血漬，讓我的孩子知道媽媽在醫院裡是在做什麼，是在幫助什麼樣的病人，這樣他們就不會害怕。而正常的死亡教育，就是回家後，女兒還問我那個阿嬤有沒有繼續刷牙？我跟她說那個阿嬤要去天國了，她很舒服的離開了，她去天國了。我的女兒聽了就劃了一個「聖號」，這樣才是小孩子從小就要培養的教育。畫聖號代表的是什麼？是一種祝福，知道人死亡後是去好的地方，小孩子的教育應該從小就要這樣培養。

家屬能夠接受跟理解安寧療護的觀念，我們安寧療護在做什麼和怎麼做，安寧療護的理念我們剛剛一直重複說「全人」正是指我們看到病人的全部。不像在過去，可能醫護人員到普通病房時，是看點滴有沒有在滴、針頭有沒有掉落、傷口或身上有沒有問題，看看病人的點滴、傷口、打針還有鼻胃管，小姐他會問病患：某某某阿嬤、阿公你吃飽了沒？你今天好不

好？你昨天晚上睡的好嗎？這是最基本的跟病人之間的互動。其實護理人員的教育也是要重新再去思考，因為我們要看的是全人，是病人的樣子，不是去注意病人身上有什麼管子，我們交班不是只有交接身上的管子什麼時候到期，身上的點滴什麼時候要換，這個不是我們的護理該有的品質，我們要看的是病人和他的家人。

「全家」也包括那些看護，我們也把他當成家人一樣看待，因為是他在照顧病人，他也有心理上的不平衡，他也會有一個靈性上的需求，所以就連看護也是我們的家人，也是我們照顧的對象。「全隊」說的是我們一個團隊裡會有醫生，我們呼應一下前面講過的，當那個病人大衛說：你來陪我聊天沒有用，因為你的藥不對，我還是痛！可見醫生的角色有多麼重要，開對藥，病人的症狀緩解了，病人才會有心靈跟靈性的平安。而全隊除了有醫生、護士，還有牧靈人員，所謂牧靈人員就是像修女這樣身分的人，宗教神職人員，還有一些基督教會或佛教的師姐、師兄、師父、法師來陪伴病人，就是滿足病患一些宗教上的需求。但是宗教不等於靈性的平安，宗教是在靈性裡面的一個角落，不能說你信奉佛祖、耶穌，每天唸佛號你的心靈就平安了，沒有，這是不等於的，靈性是跟我們的生命價值和社會意義都有關聯，宗教只是其中一部分。最終我們說「三平安」，指的是身體、心靈和靈性的平安，「四全」就是全人、全家、全隊和全程，安寧療護的理念歸結起來即是這「四全」跟「三平安」。

關於我們安寧療護的模式，我們剛才看到在英國是整棟醫院都是癌症末期的病患，所以叫安寧院；在歐美有以家庭式為主的健康照顧中心，它是深入整個社區的居家照護，是有一個小組先去照會，然後就收安，它是在社區裡照顧癌症病人；後來在臺灣和日本，都是在醫院裡附設安寧病房，現在有些醫療單位也已經跨出去了，像安寧居家和共同照護。共同照護是什麼呢？以馬偕為例，馬偕有很多科別、體系，像腸胃科、婦產科和其他，整棟醫院裡，癌症病人不只有在癌症中心，他還分散在不同單位，所以才會有共同照護，就是要以安寧照護的那個團隊去進行會診，當會診團隊診斷出這個病人是癌症患者，在身體上有需要緩解，就照會給安寧團隊，這樣的模式開始在臺灣推行，而且非常的踴躍。

我們聖母醫院很小，醫院內部本身沒有那麼多的科別，因此也沒有那麼多的體系可以互相轉介，所以我們就針對做外院的轉介，比如說：臺東基督教醫院、馬偕醫院、署立臺東醫院，甚至各鄉鎮的衛生所和衛生室，都是我們互相轉介的通道。因為很多病人沒有住到安寧病房，現在安寧病房的床數也還不敷這些癌症患者使用，所以在安寧病房之間，就有一些像是老人日托活動的安排，癌症病人到醫院做文康活動，時間是半天或是全天，也像是小朋友的托兒所，老人到醫院作活動，之後醫院負責接送這些老人和加護病人回家。

另外，居家照護就是安寧團隊的人員、護理人員、護士、志工，跟著護理人員去病人的家中照顧病人，像有那些管路要換，傷口要處理，以及用藥後的追蹤等等，這些都是我們的工

作，甚至有些家屬照顧病人累了，想要讓病人暫時回到醫院
來，讓家屬有個喘息、休息的時間也可以。所以居家跟病房之
間的互動是很密切的，有些病人在家裡需要住院，我們會以居
家的病人第一優先為住院的圖鑑，讓家屬很放心，如果回家後
發生了什麼症狀，還可以馬上回到病房，讓家人可以安心回
家。我們聖母醫院是在2006年的6月開始做居家，因為我們的理
念就是去照顧一些窮人，去照顧一些沒人照顧的病人，所以修
女會到家裡去服務，這是我們修女一直堅持的一個照顧理念，
我們去照顧一個別人看不到、被忽略的人的需要，我們也常去
一些偏遠地區。我們一開始是以居家的方式去照顧病人。

　　我們臺灣是什麼時候有安寧居家照護，那是由趙可式趙老
師率先推行的，他本身是在英國跟美國修得這些安寧療護學
位，然後再回到臺灣推行。他先是從安寧居家開始做這些照顧
末期的病人的工作，然後，馬偕是在1990年12月份成立第一家
安寧病房，在當時那還只是一些很老舊的設備，慢慢的，在民
國八十六年底，我離開馬偕時，研修中心成立了，臺灣最大的
安寧療護示範中心就在馬偕，臺灣安寧療護的龍頭就在那裡。
臺東成立第一家安寧病房是在2004年4月11號，那時是由慈濟的
一個曾醫師，來這裡協助幫忙把病房弄好，把這些人員的素質
教育提升起來，開始照顧臺東縣民的癌症病患。有這樣的一個
團隊在運作，從2004年到現在已經兩年了。

　　臺灣現據各地統計到目前10月份是三十幾家的安寧病房，
已經陸陸續續還有其他醫院在成立病房，安寧居家比較多，將
近40家因為居家的需求量，要配合健保局的一個出院準備的一

個制度，所以安寧居家的地位是非常重要的，做出院準備還有後續的一個照顧，所以安寧居家的醫院都開始一直往這個方向去推行。我們剛剛講合約醫院有好幾家，是說雖然實際上沒有從事安寧療護團隊這樣的工作，但是，他們有認知跟觀念了，會互相轉介，有跟安寧基金會、協會他們做簽約，有任何的資訊跟培訓資料，就是透過安寧基金會跟協會他們去做一些訓練，各家醫院都有這樣的一個聯結。

我們進入照片的時後眼睛要睜大一點，清醒點啊同學！等下圖片播放時心臟要有力喔。

照片上這個是我們病房，看起來很溫馨，這張是在93年11月11日我們病房成立時拍的。那時我們請主教來做一個典禮的儀式，照片裡我們的鄭修女也在。這張照片是我們的洗澡間，安寧病房都要洗澡間，你們會認為洗澡是很正常的事，可是對這些躺在病床上的病人來說可以洗澡嗎？特別是當患者身上那麼多管路時？所以我們有一臺很昂貴的洗澡機來幫患者們做SPA，還可以做物理治療，在水池裡面泡澡，是很舒服的享受，因為正常人都可以做SPA，病人也要能做，為此我們就籌設了這個照片上的洗澡間。

這張照片比較暗，看得到嗎？臺東原住民的居民比較多，以原住民人口來講，花蓮縣和臺東縣是比較多的，所以我們病房的一個特色，是有五大族的特點，融合在我們的病房裡。病房一邊的牆壁是珊瑚礁岩，然後這是卑南族的茅草，這個甕是排灣族的雕刻，還有魯凱族的百合花。那些擺設是丹尼爾餐廳的老闆跟他的夫人，沿路去撿來這些飄流木和石頭，幫我們

完成的設計。有機會，歡迎來參觀我們的病房。再看看我們的廚房，醫院有廚房，但不是員工的福利社，是因為這些病人胃口都不太好，每次只吃一點。還有每回家屬買了東西吃不完的話，也可以送到廚房再微波處理，也有電鍋器具。這些設備都很齊全，但為了考慮到安全問題，廚房內不使用瓦斯。這些電子用品主要就是讓家屬不要勞累奔波，讓他們在醫院就像是在自己家一樣。

再來這張照片，有沒有很震撼？我在去年十月份來到臺東聖母醫院，我遇到的第一個病人，我怎樣跟他建立關係？我幫他換藥，換藥就換了一個半小時，我也就這樣認識了這個病人，他也接納了我。這張照片是他的腫瘤傷口，他是直腸癌的阿美族人，45歲接近50歲，是一個非常帥的單身病人，所以看到漂亮的小姐會微笑。想想看，如果我的屁股上，有個這樣的傷口，我怎麼睡覺啊？光是翻個身就痛的不得了，更何況是那麼大的傷口，我幫他換藥他就痛的要命，我還敢換藥嗎？請問他要怎樣擠便便？你們有想到嗎？我們的病人就是這樣赤裸裸的在我們的病房，我們要怎樣去照顧這樣的病人？我們要不要戴口罩？他好臭喔，我不要去照顧這樣的病人；我怕會被傳染我也不要去照顧；誰願意去照顧這樣的病人？我們的家人，如果這是我們的家人，我們當然要去照顧啊。我們可以選擇不要上班、不要去照顧這樣的病人嗎？不可以。

我花了一個小時半的時間去幫他打止痛藥，緩解他的疼痛後，他才願意翻身，翻身以後我們才一步一步的清理傷口。在那些傷口之間的縫隙，我一個一個的用紗布清理那些垢，一般

的護理人員是用棉花棒這樣戳來戳去的清理，這樣戳傷口是很痛，痛到要人命的，我們則是用紗布這樣一個一個清理，再用針頭去沖那個細部；如果是用棉棒我可以在五分鐘內就清好這個傷口，但是我要用一個小時的時間去換藥，因為他是我的家人。這是很不一樣的照顧品質，如果是一般的小姐看到這樣的傷口，她會要戴口罩，因為怕被感染，而且很臭；我沒有，因為我在第一時間告訴我自己他是我的家人，我不會覺得他很髒，他不會很臭；但是我戴上手套是因為我要接觸傷口，當我的手去碰到那個傷口時，病人全身縮了一下，那個縮一下是表示什麼？不是痛，是震撼，他很震撼怎麼會有小姐敢去摸他的臀部、他的傷口。我們以前是怎樣去照顧別人的傷口？是要離得遠遠的，伸長手去用棉棒清創。你能想像嗎？我們是這樣近距離的看他的傷口，還要去研究有那裡沒有清理到，我們是這樣換藥，是這樣搏感情，是這樣在照顧病人。

　　這個病人他有一個心願，他要下床。他躺在床上很久，他沒辦法下床，因他沒辦法坐！偏偏這樣的傷口沒辦法見人，所以他都躺在床上。他很會畫畫，畫得很棒，我們的護理人員幫他做一些貼紙，可以到處貼，他也畫畫送給小姐，表示他很感謝我們的護理人員跟工作人員，他也很感謝我們的施醫師，因為那位施醫師是他的偶像，施醫師也很帥，那個病人也很帥，這個病人有一點喜歡同性的傾向。這張就是他的照片，他第一眼見到我的時候就問我：小姐你怎麼不戴口罩？我說：我如果戴口罩，你就看不到我有擦口紅。他就說：對，我也要擦口紅。他是男生欸，男生也要擦口紅，然後他看到我畫眉毛，還

說我的眉毛很漂亮，我就幫他修眉毛，他眉毛很粗我就幫他修一修，讓他眉頭比較開一點，這樣很帥欵；然後他還看到我擦指甲油，還問我說你那天可不可以帶指甲油幫我擦，他什麼都要。

而那個需要，要去盡量的滿足他，他要被注意被關心，他有這樣的需要；病人他要的只是這麼簡單的需求，這些需求對我們正常人來說很簡單，我們可以五分鐘自己化好妝、自己擦指甲油，可以很開心很漂亮的來上班，病人他沒有辦法！他看見我說：我也要！我就說：好，我就幫他安排，說明天在我的工作室—陽臺見面。隔天好多病人就在陽臺那邊化妝完畢，回到病房之後，他們都很滿意。你們看這張照片他有擦口紅面帶微笑，還有眼影欵。再來這張照片，是他可以下床了，很神奇嗎？他的身體被滿足了，心靈被慰藉了，他知道我知道他需要，他可以美美的出門了，不是他不想出門，而是他想，我這個樣子要怎樣出去見人呢？就是這樣很細微的動作，這張照片裡我幫他化妝了，塗上口紅，把他的眉頭弄開了，上了眼影，還有指甲油，雖然看不清楚，但是有指甲油。我幫他推輪椅推到小聖母這個地方，他坐在那裡，那個椅子中間是挖空的，要不然他屁股怎麼坐，對不對？我們要想辦法，不能讓他坐在一般的椅子上，那樣他會痛的要死，怎麼還坐得住？

所以當病患有需求的時候，醫護人員要去動腦筋，思考我要怎樣讓他下床、要怎樣讓他很舒服的走出那個病房？那是天主給我的智慧，老師沒有教我要怎樣讓他可以這樣的平安，這是天主給我的，祂安撫我，讓我知道病人有這樣的需求，在

我的能力有限時，我需要他人給我協助。所以我想到祈禱了，我跟他講：我們去外面祈禱好不好？他說好，他說他要跟聖母懺悔，他說：我對不起我的姊姊。他生病將近半年，有三個多月到四個多月的時間，因為以前都沒有工作，是比較特殊的身分，出入那些比較特別的場所，所以家裡沒有給他任何照顧，只有病人的姊姊一直來照顧他，他甚至被遺棄一段日子。他的需要，我們都盡量去滿足他，一直到他臨終的時候，她姊姊也來了，她在旁邊拿著她的十字架跟我講，她知道他要去那裡，人臨終的時候會比較善良，你們相信嗎？有些做過殺人放火什麼什麼的人，住到安寧病房之後，知道面臨死亡時，那個初心——最真實的心會被喚醒，會像小孩子那樣，回頭是岸，立地成佛，他有很多的心願要我們協助。當他能下床時，我真的好感動。

　　這張照片中的婆婆是另一個病人，她也要化妝，這個陽臺就是我專門在幫病人化妝的地方，他們看到我都會想要化妝！所以病人有那個需求。病人即使是生病了，他們還是會喜歡五花八門的顏色，他們不會喜歡看著老是戴著口罩的護士，不會喜歡老是晚娘面孔的護理人員跟醫生，他也會喜歡看到很快樂的東西、很歡樂有生命的東西，他們也喜歡化妝。照片裡的婆婆她也喜歡化妝，我也帶她來我的工作室，還備有化妝包，安寧病房有化妝包，專門是給病人用的，除了病人臨終時候用的之外，一般用的化妝品都有。看照片裡婆婆的臉，好滿足喔！她還要指定品牌！我跟她說阿嬤我沒有錢去買YSL，我沒有能

力去買那麼貴的保養品啦！我跟她說我們去屈臣氏買那個一百多塊的，可以畫得很漂亮啦！

　　然後這張是畫眉毛的，這張是畫好了。原來阿嬤在準備她死亡時的妝。有時病人不會講，她不會講：小姐，我要死的時候要幫我化妝。不會。她是很含蓄，很內斂的表達，你也要幫我化妝，因為我要走的時候，也可以這麼美麗，重點是我要走的時候，也可以這麼美嗎？我還拿鏡子給她看。還把這張照片給她的女兒，她的女兒很感動，原來媽媽自從她生病後，將近有半年的時間，很久沒有這麼漂亮，因為她媽媽很愛漂亮。他們把這張照片留在家裡，他們永遠記得媽媽是這麼漂亮的，那怕是住在病房，她是卵巢癌的一個個案。這個口紅還是她自己選的，她本來叫我塗日本藝妓那種小小的口紅，然後臉要化得很白，我說我不會畫那麼難的妝，因為她是日本時代的老人家嘛，她覺得這樣最美，她還要求說她的頭髮要吹很高的角度。天啊！我只能說：我不會，我不會吹高角度啦！你的頭髮也沒辦法吹啦！她就說這樣就很好了。

　　然後這張照片，我剛剛有說我女兒會跟我去病房放假，在這裡，以前我在平溪的時候也常常帶她去參與照顧病人，一起畫畫。這裡面這個人也是美容師，然後旁邊這個是我們工作人員，旁邊這個是我女兒，他們在畫畫，那個美容師她畫得很好，她對色彩的敏感度很高，她很會畫畫。後來那個美容師她也來化妝，不過這次是我被化妝，不是我畫病人，是她在幫我畫口紅。她說：我是美容師喔！別看我現在生病喔，我會化妝喔！我說：好啦，我的臉給你畫啦。所以我就把她移到我的工

作室，旁邊這位是照顧她的看護，你看她好認真。認真的女人最美麗，她還幫我畫唇線。她說：你的唇形很漂亮，我幫你畫。結果畫到我的眉毛去了。我說；你要畫對喔！她說好好好，結果她的手會抖，就一直畫到眉毛那邊，然後旁邊的看護就一直把她的手拉回來。說：嘴巴在那裡！

對病人來說互動是很重要的，這樣的經驗讓我覺得很好，我跟病人之間的互動可以這麼的自然，那麼的自在，那是基於我跟病人的互動關係是信任的、是被接納的。你們能想像病人在病房是那麼的快樂嗎？因為他們痛苦的時候，就是身體上的痛苦還沒被緩解的時候啊，但也需要時間讓症狀被緩解了，心理跟靈性才會平安。這張是我們在跟病人做日本一種小禮物，用很漂亮的包裝紙包裝，裡面包著鈴鐺，這位病人做的很漂亮，是要送給女兒的。因為那個患者以前是賣檳榔的檳榔西施，她說她很想包檳榔那個葉子，然後工作人員就很聰明，想到去找奶瓶裡面那一粒粒鈴鐺當作檳榔，然後樹酯沾到水，濕濕的很像石灰，再拿一個竹子這樣沾著，就很像是在包檳榔。我們的同仁很聰明，她就想到樣：來我們一起包檳榔。

她女兒很高興的在旁邊看著，我們把那個成品，當做一個留念，但是她認為她在包檳榔，因為那個葉子，其實是衛生紙，把那個面紙包一圈，裡面的鈴鐺就像檳榔。她試著去包，但是她的手沒有辦法做精細的動作；她只能幫忙塗「石灰」，把鈴鐺放進去這種比較粗的動作，像轉圈圈這種細的動作她就做不來，但是她也被滿足了，她是在做她的生命回顧，她以前在做檳榔時有多風光。她邊做開始講她過去的經驗：以前那些

卡車司機多三八啊，都常常虧我喔……。像這樣的互動是很美的，病人在整理他們生命的時候，願意跟我們分享，在這樣的互動中聽到的故事，也最真實。

在這張照片裡旁邊這個小孩是她妹妹的女兒，就是剛剛跟她一起做檳榔的那位。他們的校慶在今年的母親節，地點在卑南國小，我就推她去，完成她的心願：要去參加小孩子的校慶跟母親節活動。往年她都是婦女會會長，她的100公尺總是跑第一名，那是她的強項，可是今年她坐輪椅，沒辦法做事也沒辦法跑了，但她要去面對現實，其實她有點不敢去學校，因為她曾經這麼的風光。每年的母親節、校慶她都是跑第一名的，可是今年她必須承認自己生病了、不能再跑步了，所以她很不好意思的跟她的關懷人員說：可不可以幫我跑100公尺，不然我的女兒會很難過，因為以前都是我跑第一名，你今年代替我好不好？病人有這樣的心願，我們就滿足她無法親身下場參賽的遺憾，這是她最後一次的母親節，她現在已經往生了。剛才我們講到的患者，也都已經往生了。

另外這張是我的居家病人，我來這裡的前半年我所照顧的居家的個案，是住在郡界的一個阿公。旁邊這個婆婆，由我帶著她，教她怎樣在家裡照顧她的先生，怎樣在家裡預防他得褥瘡，怎樣餵他吃藥等等……，這是在居家的一些互動。我會考試問阿嬤說：阿嬤，鎮靜劑跟止痛藥差在哪裡？她就開始從藥盒裡面去抓藥，結果搞錯了。她把睡覺要用的藥，當成止痛藥用的藥。我就說：不對，不對。她就再考一次。我們這樣的互動，就像是把她當成自己的阿嬤一樣在考她。老人家因為藥物

長得很像，分不清楚，所以我們要做記號，像有分晚上白天的藥，她們看不懂國字，我們常常會蓋印章，蓋月亮就是晚上用藥，蓋太陽就是白天服藥。我們想辦法讓老人家知道，要怎樣正確的讓她照顧的病人，吃到鎮靜劑跟止痛藥，所以我幫她考試。她很不好意思，因為我已經考她第三次了，她還是記不住，她知道要拿什麼藥，但是她講的時候又會講錯，忘記了，把它講成鎮靜安眠藥。但是她會講術語喔，叫鎮靜安眠藥。我說那是睡覺的藥，她就說：攏港款啦！因為常這樣聽，我們講，她其實已經知道那是什麼藥。

這照片裡的病人她還建在，還在我們病房。今年的父親節她要吃飯，她要吃一碗飯給她的先生看，當作是送給先生的父親節禮物，因為她本來吃不下，她頸部的傷口沒辦法吞，然後她的先生就很緊張說：不吃怎麼辦！他一直替她擔心，所以她要吃那碗飯，是為了要回饋給她的先生，所以她吃飯。她吃飽了，吃了整整一碗，她很得意說：我吃飽了喔！她先生還幫她洗碗，她們夫妻的感情很好，我們上次還去參加她82歲的生日。他們還有補辦結婚典禮，穿魯凱族的衣服，院長也參加了。是非常美、非常好的一個留念、一個紀念和一個畫面，現在這個阿嬤還住在我們病房。病人不是住在安寧病房就馬上走了，會有很長的一段時間，最長甚至有半年到一年，最短是一天到兩天，可見生命很可貴，在那麼短時間內要怎樣很快的介入到家人的身體、心靈到靈性，時間是非常珍貴的。

這張是我的表姊——葉牧師，她在幫病人做受洗洗禮的工作，那天我們是特地請她來幫忙這個個案。這個案是那天她有

一個心願，我們很早之前就做這樣一個準備，讓病人接受這樣的祝福。然後這個病人受洗結束後兩個禮拜，她轉到馬偕，去世了。她走得很好，走得很平安。當病人面臨被診斷出來是癌症之後，他後續的生活到回到家，都是我們要關心的，這是我們的責任也是我們的服務內容。所以即使病人轉到馬偕就診，還是我們關心的對象，甚至連病人的追思禮拜，或是喪禮我們都會去參加，這就叫「全程」。這張是一家人，是我們的牧靈人員，這是他兒子，這是他們的傳道人，這是他們的村長，這就是「全家」。

我們剛剛看完圖片，現在我們把那些圖片做一個聯結，這些病人生病的時候有那些權利？我們看完圖片要把觀念深入腦中消化，相信大家有很多很多東西可以去聯想、去體會，也許我們生命還沒有那麼的成熟、那麼的豐富，但是我們聽看看，如果有那麼一天，遇見這種病人，我們看待他的時候，他會有那些呼求，有那些權利，是我們要滿足的。

首先病人有權利要求被以活人看待直到死亡。他們是活人，是有感覺的，病人有權力保持這個希望，雖然變化無常，也許下一秒鐘就去世了，但是上一秒鐘，他的生命被滿足。其次是我有權力用自己的方式去表達接近死亡的感受和情緒。像剛剛那個阿嬤，她如果沒有跟我呼應說，她死的時候也可以這麼美，我根本不會知道她是在為她的死亡做準備，也不會知道她在表達她是已經知道自己將死的訊息，她是用這樣的一個方式在表達，她面臨死亡時的感受。

再來病人有權力參與整個醫療照護。所以病情告知是一個很棘手的話題，怎樣在一個適當的時機、適當的場合與適當的人，在一個適當的情況下跟病人講病情，甚至是跟家屬講解病情。通常家屬不想當壞人，因為她怕被病人痛罵說：為什麼要告訴我是癌症！或是被宣佈死亡。所以這個工作通常是落在醫生跟護理人員身上。最適當的時機是開家庭會議，討論是不是應該告知病人病情，我們會做團隊會議跟家庭會議，因為要讓病人參加他要被照顧的整個醫療計畫，所以病人有權力知道自己的病情。如果我的家人問我說：我到底什麼病啊？可是我不敢講的時候怎麼辦？會跑去跟醫生喊救命，要醫生跟我的家人解釋，到底生什麼病。病人在尋求支援，呼求要求知道病情時，我們就要告訴他。但是家人通常不敢去承擔這個責任，甚至會欺騙病人，像是：你會好啦，你不要想那麼多。對病人說你會好啦！其實那是安慰自己，讓自己心情好一點，但病人卻沒有得到解答，病人他要的是事實。因此我們醫療團隊要選在適當的時機、環境和人，去跟病人做病情告知。病人有權力提出疑問，而且要求得到誠實不欺的回答。

我們照顧的重點是我們沒有必要去刻意延長病人的死亡，我們只是在病人生命有限的時候，盡量維持他的舒適，減輕他的痛苦，這是我們很重要很重要的一個理念，避免不必要的治療。當然不是一被診斷為癌症，就要送到安寧病房，不是這樣的，病人還是要去做治療，去做化療、電療，還是要開刀。但是她在治療的過程中，若造成她的不舒適，像是化療造成她眩暈吃不下……等，可以住在安寧病房做症狀緩解。不是病人一

到癌症末期快要死亡，就要送到安寧病房。確定診斷罹癌後，要先去做積極的治療，當醫生跟病人說你不適合再做治療時，那時候腦子裡就應該要出現安寧療護的想法，或是當症狀不舒服時，安寧療護此時即可介入。總之，病人還是要做優先該做的治療，我們才能讓病人知道，醫生已評估過不需要也不適合再做治療了。病人可以在安寧照顧裡完成他的心願，甚至作臨終死亡的準備。

我們看到癌症病患的症狀有那些？病人會越來越沒有力氣，越來越瘦，怎樣吃都不會胖，反而越來越瘦。因為癌細胞也會吃，不是只有正常細胞才要吃飯，癌細胞會長大，它會跟正常細胞搶食物吃，所以病人會越來越瘦，不是你給病人吃多少，他就得到營養多少，沒有，病人會越來越瘦。意識會混亂，神智會不清楚，有時候是因為藥物，有時候是因為病情在變化。他會搞不清楚白天晚上，所以要常常告訴他現在是幾點幾分，現在是在什麼地方，病人的時空感消失了。喝水進食都很困難，所以有些病人有時還是要用到鼻胃管，因為有些家人希望病人還能夠進食。我們也會評估需不需要做這些侵入性治療，但是不會去插管子作急救這個動作，這是絕對不會出現在安寧病房的治療，除非他要轉到一般病房去。沒有辦法吞藥，會嗆到，病人的身體會越來越冰冷，血液循環比較差，四肢冰冷，代謝功能差，一直到他死亡的時候都會是這樣的面貌。

臨死覺知是有些病人會知道他自己快死了，所以你不用去講那麼笨的話：你快死了？是病人告訴我們，他什麼時候會走，什麼時候要離開，死的時候要準備什麼事，是病人來告訴

我們，不是我們去告訴病人，是病人告訴我們要怎樣過生活的，他們自己知道生命有限。甚至有些人會看到聖母像和佛祖，還有的會看到鬼，會看到去世的家人，或什麼有的沒的，也許你會以為那個是天方夜譚，但是這些卻是很正常的，那叫臨死覺知，會看到那些已經往生的家屬。以前我在高雄天主教聖功醫院有一個老伯伯，我上大夜班，跑到病房，他拿了張椅子說：小姐請坐。我想他還沒睡覺，他再拿了一張椅子，我說：伯伯，我一個人。他說：不是啦，你旁邊還有一個人。旁邊還有一個人？大夜班？我說：伯伯，現在都凌晨一點半了。他說還有客人。好，我再去搬一張椅子。我說：伯伯，這張椅子要放那兒？他說：你旁邊，客人就在你旁邊。見鬼啊！我旁邊欸！我差點嚇死。伯伯說：不用怕，那個是我的朋友，他待會會來，早上六點半就走。

六點半，早上六點半時，病人往生。他說他朋友帶他離開了，我在他旁邊歡送他們離開，我當時全身起雞皮疙瘩。但是這其實很正常，病人會知道自己的時間，病人會知道誰來接他走，他們知道死亡後會去那裡。這種觀念要從我們還是正常人的時候就要建立了。我們要知道我們的心靈、我們的歸屬感在那裡，這是我們還沒躺在床上、還沒面臨死亡時就要想的問題，在接近死亡，臨終的重要時刻，我們的心靈才是平安的，因為我們知道我們要去那裡。

還有所謂臨終譫妄，就是病人會焦躁不安，有些病人會有一些傳統的習俗，他們要「踏地」，大家應該都沒聽過，應該要年紀大一點的人才知道踏地的用意。有些病人是不能下床

的，但有的病人很躁動，一直想下床。我得要一直制止他不要下床，但是自從我們知道了那個理念，我們知道為什麼不能阻止他，只要不跌倒，就可以陪他下床，只要沒有侵害到他的安全都可以做，因為有意義。老人家要去踩地，他要告別土地，說不定他才剛踩完土地就走了，這樣他也甘願。有這樣的習俗和有這樣的觀念在老人家的腦子裡，我們也常看到很多病患在臨終前都有這樣的動作，甚至想回家。是回到家，不是天國的家，這是兩個家，有些老人家會先回到家，再去天國，他要回家安排事情再去天國，有些是直接去天國。

記得有個肺癌的阿伯說：小姐，你去幫我拿梯子。我說什麼樣的梯子？他說竹子做的梯子。什麼是竹子做的梯子？應該要有點年紀的人才看過竹子做的梯子。我說那個竹子做的梯子要幹什麼？他說那個梯子是通往佛祖的地方，是通往極樂世界的道路，要爬那個梯子。你們看每個人要去那個地方的交通工具都不一樣，這個阿伯是要用梯子，有些人是要先回家繞一圈，再去天國，每個人的路都不一樣。這個阿伯是要用梯子，如果換個方向來看，他應該是坐火車，因為梯子很像鐵軌嘛，他坐火車去天國。所以他們會安排自己要去哪裡，他們要做什麼交通公具去，他們都自己準備好啦。我們在世的人只要幫他衣服穿好，我們準備好這些，我們人要準備那一刻的來臨，這樣就OK。

現在進入死亡我們做了什麼？病人在臨終前有一些大傷口，像這張相片上的大傷口，讓家人在家裡處理，請問家人怎麼照顧？患者的脖子上有個洞，萬一破掉大出血，請問家屬要

怎麼照顧？這樣對家人會平安嗎？如果病人這樣離開，你們平安嗎？所以有這樣的傷口，怎麼可能讓他回家呢，一定要在醫院，護理人員不能讓他回去，一定要到人事皆盡了，我們才能讓他離開。如果家屬可以在家裡照顧，我們會教他們怎樣把傷口弄好，以免大出血，即使大出血要怎麼處理。這樣最少有個心理的準備，讓家人知道這樣的傷口不好照顧。如果你的家人是在大出血的情況下去世的，那個場面應會深映在腦海裡，我的家人是走得不平安的，是一輩子也沒辦法平安的，對不對？

但是對家屬來說很不容易，還是會很焦躁不安，甚至當病人嚥下最後一口氣時，他們也哇一聲大哭了。要接受事實沒那麼簡單，還是會崩潰，有些人認為他很堅強，可以面對那一刻，但是通常根本沒有辦法。當那一刻來臨，一直告訴自己要堅強、不能哭、不能掉眼淚、不能滴眼淚，很殘忍，只能躲到廁所裏面哭，甚至用腳去踢牆壁。我們曾經有一個個案，他的兒子在青春期，他的長輩都跟他講不可以哭，他氣死了，他說：為什麼我媽媽死了，我不能哭？他用腳去踢牆壁，他要宣洩，因為在照顧媽媽的過程中，他一直被強迫著不可以哭，因為為了要讓媽媽很安心的離開。這是很不人道的要求，要哭的時候為什麼不能哭？那是我媽媽欸。

可以正常接受我的情緒，那是我的家人，我知道他要離開了，我願意陪在他旁邊幫忙一起穿衣服化妝，做這樣的陪伴。然後一起念佛號、念聖主、念基督，生者都可以用自己的宗教去對待往者。讓家屬參與這最後的臨終盛事，不要讓他們壓抑自己的情緒，我們的教育，就是失敗在很多小孩子是被壓抑

的,對不對?各位年輕人?死亡不是什麼不對的事,就是要從頭開始建立起這樣的觀念,悲傷是被允許的,不要壓抑自己的情緒。現在也許有人被勾起了悲傷,很正常,因為我們需要宣洩。希望各位聽完我的經驗分享後,能更珍惜生命並且健康的面對死亡的課題,謝謝大家。

（文字整理:李佳真）

附錄一
92-97學年度通識講座一覽表

	講者	講題	時間	現職
人文與藝術	歐秀雄	說臺灣話唱臺灣歌	93.02.27	臺南社大教授
	江霞	我的戲夢人生	93.03.12	演藝人員
	相關導演學者座談	民族誌影展	93.04.09	民族誌影展
	林正仁	公共藝術賞析	93.05.21	雕塑家
	王淑華	閱讀電影～黑澤明－亂	93.05.28	靜宜外文系教授
	杜明城	詩詞欣賞經驗談	93.10.15	臺東大學兒文所教授
	劉森堯	電影與人生	93.11.19	逢甲大學教授
	楊道鑌	踏入音樂殿堂的第一步	93.12.03	彰化縣弦樂團創辦人、和美國小音樂教師
	王萬象	戀人絮語－淺談愛情文學	93.12.17	臺東大學華語文學系教授
	彭錦堂	詩歌與歷史	94.01.07	東海大學中文系教授
	張曉華	從戲劇治療看人生角色定位	94.03.04	臺灣藝術大學戲劇學系教授
	閻鴻亞	歌劇與文學	94.03.11	臺灣新生代詩人、劇場及電影導演
	楊照	藏在語言裏一個好大的世界	94.05.27	新新聞總編輯、聯合報專欄作家
	曾珍珍	讀詩：從翻譯一本詩集談起	94.09.23	國立東華大學英美語文學系教授
	于善祿	臺灣當代戲劇發展	94.10.28	臺北藝術大學戲劇系講師
	張基義	當代建築與城市品牌	94.12.09	交通大學建築所所長
	馬躍·比吼	請問貴姓－原住民的影像世界	94.12.16	阿美族紀錄片工作者

廖鴻基	海島與海洋	94.12.23	海洋文學作家、「黑潮海洋文教基金會」創會董事長
陳儒修	電影中的時間	95.03.03	政治大學廣播電視學系副教授
古名伸	身體藝術之美	95.03.31	國立臺北藝術大學舞蹈學院副教授、古名伸舞團藝術總監
林芳玫	鬼魅還是天使?－歌劇魅影賞析	95.04.21	行政院北美事務協調委員會主任委員、世新大學性別研究所兼任教授
葉怡蘭	在旅中生活,在生活中旅行	95.05.12	Yilan美食玩家創辦人
朱學恆	文化創意產業大作戰	95.10.13	奇幻文化藝術基金會
苑舉正	西洋哲學中一度消失的傳統：批判理性主義	95.11.03	臺灣大學哲學系副教授
吳明益	自然、影像與說故事技藝：我的創作與研究從自然科學獲得的啟發與思考	95.11.10	東華大學中國語文學系助理教授
王家祥	魔神－小矮人之謎	95.11.24	作家
陳明璋	複製造形與創意－談對稱、碎形與仿自然	95.12.15	交通大學通識中心副教授
許功明	臺灣原住民的工藝與藝術	95.12.22	臺東大學南島文化研究所教授
蔡永文	人生的劇場－透過戲劇與音樂的賞析	96.01.12	臺灣藝術大學音樂系主任
邵婷雯	十八世紀鋼琴奏鳴曲之音樂風格探究	96.06.01	臺南科技大學音樂系副教授
黃碧端	文學與藝術	96.06.22	實踐大學通識教育中心講座教授

	洪萬隆	生活中的美感經驗	96.10.26	義守大學餐旅管理學系講座教授
	傅麗玉	飛鼠起飛：十年部落學習生活經驗	96.11.16	清華大學教育學程中心教授
	蘇振明	樸素與人生－素原真藝術之美	96.12.14	臺北市立教育大學視覺藝術研究所教授
	曾道雄	歌劇藝術的賞析	97.05.02	臺灣師範大學音樂系退休教授
	蘇振明	臺灣本土圖畫書之美	97.05.30	臺北市立教育大學視覺藝術研究所教授
	魏海敏	讓看戲成為時尚－魏海敏的京劇現代話	97.10.17	京劇名伶2007國家文藝獎－戲劇類得主
	布拉瑞陽	從臺東出發－向世界邁進	97.10.31	拉芳舞蹈團藝術總監
	蔡盛通	古典音樂原來如此	97.11.14	作曲家
	莊坤良	戀戀都柏林：喬伊斯的愛爾蘭情結	97.11.21	臺灣師範大學國際事務處處長
	林日揚	旅遊，攝影與報導：一個全方位的現代旅遊家	97.12.19	文建會主委辦公室主任詩人‧作家
社會科學與當代議題	陳儀深	歷史學者看228	93.02.20	中研院近史所研究員
	廖秋娥	用腳認識臺灣	93.03.19	臺東大學社教系副教授
	李筱峰	臺灣歷史與文化的特色	93.05.14	臺北教育大學臺灣文化研究所教授
	鄭漢文	綠色教育	93.06.10	臺東縣新興國小校長
	林辰璋	NPO的認識	93.12.24	青輔會處長
	林益仁	馬告國家公園爭議的省思	94.04.01	靜宜大學生態學系
	孫志鴻	全球變遷與永續發展	94.04.08	臺灣大學地理環境資源學系教授
	周素卿	全球化與跨界投資	94.04.15	臺灣大學地理環境資源學系教授

童元昭	從島嶼看世界：臺灣觀點	94.04.29	臺灣大學人類學系所副教授兼主任
楊聰榮	歷史意識與族群意識－亞太多元歷史觀的反省	94.05.13	中央大學社文所教授
陳妙芬	文化、社會、與法治	94.09.30	臺大法律系副教授
孫大川	民族、多元文化與人權－以臺灣原住民族為例	94.10.07	東華大學民族發展研究所所長
張忠本	臺灣經濟現況	94.11.18	聚鼎科技股份有限公司董事長、前和通國際股份有限公司總經理
張茂桂	來時路與族群認同：關於族群研究的自傳研究方法	94.11.25	中央研究院社會學研究所研究員
張隆志	從圖像資料談臺灣史的移民和族群	95.02.24	中央研究院臺灣史研究所助理研究員
白光勝	原住民的明天何去何從？	95.03.17	布農文教基金會執行長
劉炯錫	綠色環境與永續發展－原住民生態資源與永續利用	95.04.27	臺東大學生命科學所教授
李永展	臺灣國土永續發展之新思維	95.05.05	文化大學建築及都市計畫研究所教授
周志龍	全球化.鄉村再結構與聚落耕生	95.05.26	臺北大學都市計劃研究所教授
趙剛	社會控制與民主活力	95.11.17	東海大學社會學系教授
石之瑜	全球化與民族身份	95.12.29	臺灣大學政治學系教授
文魯彬 Robin	人口、貿易、消費	96.01.05	博仲法律事務所、臺灣蠻野心足生態協會理事長
黃健庭	我的過去・臺東的未來	96.03.16	立法委員

	陳能弘	生活法律實務探討	96.03.23	臺東地方法院法官
	高強	決策藝術	96.03.30	成功大學校長
	陳彥仲	都市、住宅與生活	96.04.13	成功大學都市計劃學系教授兼主任
	王穎	臺灣野生動物資源之永續利用	96.05.11	臺灣師範大學生命系教授
	傅濟功	臺灣新移民與多元文化	96.05.18	臺東大學華語文學系副教授兼任圖書館館長
	彭堅汶	民主社會與人權	96.10.05	崑山科技大學教授
	蔡明樹	校園網路著作權	97.01.11	智慧財產局高雄服務處主任
	馬森	資本主義與宗教精神—我的文化旅程，從歐洲到美洲：西方文化的衝激與啟示	97.03.07	當代小説家、劇作家、文學家
	陳俊男	原住民土地生態與智慧	97.03.28	國立臺灣史前文化博物館研究助理
數學、科學與科技	黃素逸	能源科技	92.11.28	武漢華中大學教授
	李炎	生物科技與人類的未來	92.12.19	臺東大學教授
	陳家俊	奈米與生活	93.03.05	師大化學系教授
	李羅權	我國太空科技之發展	93.05.07	中央研究院院士
	李國偉	數學對生命科學與社會科學的影響—以「囚徒困局」為例	93.11.05	中央研究院數學所研究員
	吳金洌	生物科技時代之基因體研究展望	93.11.12	中央研究院
	張石麟	同步輻射在X光繞射上之應用	93.12.10	清華大學物理系教授兼理學院院長
	李永展	永續社區營造：兼論社區營造條例	93.12.31	中國文化大學建築及都市計畫研究所教授、行政院國家永續發展委員會委員、臺灣環境資訊協會理事長

趙榮臺	繽紛的生命（生物多樣性）	94.03.25	農委會林業試驗所副所長
范光龍	臺灣海洋環境介紹	94.04.22	臺灣大學海洋研究所教授
汪中和	臺灣降雨變化對水資源的影響	94.05.06	中央研究院地球科學研究所研究員
刁維光	奈米科技與環境	94.06.03	交通大學應用化學系分子科學研究所副教授
張南驥	從幹細胞看永續經營之道	94.10.14	陽明大學微免所教授、信望愛臍帶血基金會執行長
邵廣昭	海洋生物多樣性及其保育	94.10.21	中央研究院生物多樣性研究中心研究員兼代理主任
楊懿如	臺灣的蛙類世界	94.12.02	東華大學生態與環境教育研究所副教授
彭旭明	原子、分子及奈米科技：化學家的奈米觀	95.03.10	臺灣大學化學系教授、國科會化學中心主任
黃美秀	從臺灣黑熊看 Formosa 野生動物保育…	95.03.24	屏東科技大學野生動物保育研究所教授
劉金源	內太空的探索	95.04.07	中山大學海下科技暨應用海洋物理研究所教授
吳信志	臺灣酷比豬和螢光豬的發展歷程	95.04.14	臺灣大學動物科學技術學系助理教授
林曜松	生物多樣性保育	95.05.19	臺大生命科學院院長
李家維	另一個我－生命的起源‧演化與探索	95.10.20	清華大學分子與細胞生物研究所教授
簡建堂	飛越太空、漫遊人生	95.10.27	長庚大學機械工程學系暨研究所副教授
樊同雲	珊瑚礁的生態與保育	95.12.01	國立海洋生物博物館生物馴養組副研究員

	余岳川	化學與歷史文明	96.03.09	中山大學化學系退休教授
	牟中原	環境與能源的挑戰	96.04.20	臺灣大學化學系教授
	洪萬生	數學，哲學與美學的交會：一個數學史的進路	96.06.08	臺灣師範大學數學系教授
	莊陽德	奈米科技在生活上的應用	96.11.30	臺南大學材料科學系教授兼主任
	朱慕道	光電元件在未來生活上的應用與影響	96.12.07	工研院電光所光電半導體技術組組長朱慕道、2006「國家十大傑出經理獎」得獎人
	蔣本基	綠色科學	97.01.18	臺灣大學環工所教授
	鍾廣吉	地景美學－臺東縣境	97.03.14	成功大學地球科學系退休教授
	吳茂昆	創新科技的挑戰	97.04.11	中央研究院院士兼物理研究所所長
	傅昭銘	液晶物理與光電應用	97.06.20	臺灣大學物理學系教授
	蘇慧貞	氣候變遷對公共衛生的衝擊	97.06.06	成功大學工業衛生學科暨環境醫學研究所教授兼任國際學術處處長
	金恆鑣	臺灣生態與保育研究	97.11.07	行政院農業委員會林業試驗所研究員
	魏麒麟	人‧科技文明與自然農耕	97.12.05	我自然生態農園（農夫）
語言與思考工具	米建國	邏輯與批判思考	92.11.14	東吳大學教授
	王文方	哲學家的眼中世界－形上學	93.04.16	中正大學哲學系教授
	葉海煙	中國哲學思維的特殊性與現代性	93.10.08	東吳大學哲學系教授
	陳在惠	第二里路	94.12.30	花蓮善牧中心執行長
	張世宗	創造力與創意設計	96.05.04	張世宗教育工作室

	黃維樑	東方是東方，西方是西方：東西方文化異同論	96.12.21	佛光大學文學系教授
	曾志朗	科學向腦看	96.12.28	中央研究院院士
	蔡介裕	多元思考與創意養成	97.10.03	文藻外語學院通識教育中心主任
成長與調適	譚維義	生命與生活的智慧	92.09.19	臺東基督教醫院院長
	吳坤熙	做一個快樂的現代人	92.09.26	東方技術學院教授
	林雅玲	小小學與大大學～談大學生的人文素養	92.10.24	高雄師範大學
	林顯輝	每分鐘給一個祝福	92.10.31	屏東師院校長
	蕭麗君	活著就有希望	92.11.07	生命勇士
	楊忠和	現代人的體適能	92.11.21	臺北體育學院校長
	郭重吉	如何落實終身學習	92.12.26	臺東大學校長退休
	黃惟饒	真愛的表達	93.03.26	臺灣藝術大學教授
	吳永怡	從真雨人談人的個別差異	93.04.23	臺東大學特殊教育學系系主任
	饒夢霞	晴時多雲偶陣雨談情緒管理	93.04.30	成大教研所教授
	曾茂雄	癌症的認識	93.09.24	門諾醫院一般外科主任
	林鎮坤	生涯規劃	93.10.01	國立體育學院教授
	張思敏	休閒運動與健康	93.10.22	國立體育學院教授
	李良達	立志作大事學習作小事	93.10.29	希望森林網站總監
	蕭麗君	活著就有希望	93.11.26	傳承巡迴講座
	劉力學	一個老外怎麼愛臺灣	94.03.18	前神通電腦副總裁
	曾世杰	天才的奧秘	94.04.29	臺東大學特教系教授
	劉美珠	傾聽身體-動中靜心	94.05.20	臺東大學心動學系教授
	杜明翰	僕人領袖	94.11.04	世界展望會臺灣分會會長、前臺灣微軟副總裁
	楊茂秀	父母學與思維實驗	94.11.11	臺東大學兒童文學研究所副教授、毛毛蟲兒童哲學基金會創辦人

鄭雲修女 邱毓倫	安寧－僕人精神	95.12.08	臺東聖母醫院
李家同	我在加爾各答垂死之家服務的經驗	96.05.25	暨南大學資訊工程系及資訊管理學系教授
劉慧珍	談校園性侵害及性騷擾	96.06.15	東華大學中文系副教授
饒夢霞	從生涯看兩性	96.10.12	成功大學教研所教授
王進崑	如何做好健康管理	96.10.19	中山醫學院副校長
王以仁	心理健康管理	96.11.02	嘉義大學輔導與諮商系所教授
吳永怡	從真雨人談形形色色的白痴學者、自閉學者	96.11.09	臺東大學特殊教育學系系主任
傅孟麗	相信我,你是自己最好的老師	96.11.23	作家
曾世杰	天才的奧秘	97.01.04	臺東大學特殊教育學系教授
黃森芳	積極的健康生活型態	97.03.21	慈濟大學體育室主任
饒夢霞	從兩性看生涯	97.04.18	成功大學教研所教授
李榮彬	愛與熱忱	97.04.25	嘉義大學附小自然與生活科技退休老師
魏俊華	喜怒哀樂的人生	97.05.09	臺東大學特教系教授
黃英忠	如何創造自我競爭優勢	97.05.16	高雄大學校長
孫臺鼎	服務的人生觀	97.05.23	靜宜大學學務長
蔡典謨	創意人生	97.06.13	臺東大學校長
王一鳴	如何做好健康管理	97.09.26	臺東基督教醫院醫師
饒夢霞	從兩性看生涯	97.10.24	成功大學教研所教授
陳木金	時鐘與羅盤	97.11.27	國立政治大學師資培育中心教授
何卓飛	大學競爭力	97.12.12	教育部高教司長

	鄭漢文	超越學校之外：現代教師的角色	97.12.26	臺東縣新興國小校長
	秦夢群	大學的必修戀愛課	98.01.09	政治大學教育系、教育行政與政策研究所教授

附錄二　學生心得回饋

多元思考與創意養成
（演講者：蔡介裕教授）

美術二　張鈺醞

　　創意無所不在，而今日的講者蔡老師幽默、逗趣的演說方式，獨具風格的內容，也是一種創意的表現。我一直覺得創意的精神是「Why not？」，如果侷限在固有的束縛，思考僵化，那麼創意就難產了。隨著老師的引導，慢慢地發現自己其實無形中也受到許多的限制，自以為的創意並非創意，也注意到本身的思考模式不夠多元、不夠多樣性。在這次的講座，除了體悟上述的事實，同時認識更多的道理，我的腦內開始激盪，有些東西崩垮了，但有些想法卻建立了。這是從未有過的感受。蔡老師要求的每個動作，有趣、意涵豐富，正也說明了我們長久以來被什麼綁住，很得大家的認同。經由一問多答的思考，大腦持續的運作，思路明白而清楚，我似乎漸漸摸索到創意大門的把手。對藝術創作和設計，這樣的促成法有十分良好的效果，讓我在面對每件事或物，不只有單一的結論，能夠拓寬心房，不再逼死我的創意思維。從今爾後，朝向創意人的目標邁進，令這世界處處充滿創意。

從兩性看生涯

（演講者：饒夢霞教授）

美術二　林戎依

　　在這堂課裡，聽了饒老師的介紹，以幽默風趣的手法一連串的訴說及討論。老師用許多例子來解釋兩性。關於兩性這種嚴肅的話題，本來是年輕人沒興趣聽的，對於我們而言，對愛情的觀點有自己的一套想法，所以在上這堂課之前想了一下這兩個小時會不會覺得很無聊。但饒老師一上臺整個氣氛都和樂起來，她說的沒錯，有些人適合寫書；有些人只適合單向溝通，像饒老師這種可以和學生互動的手法，對這兩性的話題有了另外一種風趣的氣氛。在兩性的相處裡最重要的是互相溝通、互相尊重，在選對象時應該要知道自己要的是什麼，最重要的是內在，在饒老師的開發潛能裡要建立自信，有了自信，自己做事順利，別人看也有信心，整個人都亮麗了起來，還有一個突破障礙裡的恐懼不安，這點對我來說是一定要突破的，因為在做一件事前我會緊張到自己覺得會失敗，因此，結果不是理想中的好。這對於處理兩性的問題時，我是該解決這個缺點。對於我而言愛情我常說不是擺第一，但一做起事來才驚覺發現，我很在意愛情，以致於錯過我想做的事，這是我談戀愛前所始料未及的，當初以為不影響我要做的事所以才會談，但現在才知道自己瞭解的不多，如果我個人、事業及課業看的很重的話，我想我一定不會談戀愛了。

大學生修課經濟學

（演講者：謝元富教授、董恕明教授）

資管二　黃詠靖

　　在現在到處都是大學的世代裡，大學似乎已經成了升學或就業的跳板，大學生們現在到學校裡好像就是應付老師，沒有那份對學習的熱忱。在自己的班上好像遲到、翹課似乎已成為了常態，對自己的自我要求態度越來越往下沈淪，覺得上課好像是一個例行的公事，當這個想法出現的時候，就會覺得上課是件痛苦的事情，那個熱情好像被這樣慢慢的消磨掉了。今天確有突然被點醒的感覺，發現自己一年級進入臺東大學開始，似乎就已經欠缺了對大學基本應有的認識，以為大學就是在自己的專業領域當中做好自己的本份，然後希望自己順利畢業，從來沒想過自己還能從大學學習到專業課程以外的東西，錯誤的認知，感覺讓自己空轉了一年，而這一年好像就只是一個半調子的二流大學生，今年的我想改變這樣的自己，所以也期許自己能有好的態度面對每一堂課。

如何做好健康管理

（演講者：王一鳴醫師）

美術二　林怡亭

　　因為父母都從事醫療方面的工作，從小父母就會叮嚀我們自己要顧好自己的身體，在這短短的一年中，我認識的親朋好友裡就走了三、四個，癌症重病是我覺得最可怕的！我們無法預料下一秒命運會轉向哪裡，一夜之間妳曾經在腦海中描繪的夢想都成了空，只要妳活著，夢想再怎麼遠也有達到的一天，可是當妳的靈魂離開了軀體，任何的籌碼都是乘以零……就只有零。有個日本節目是專門探討健康的，在這個節目中發現一件重要的事，其實有很多病魔在侵蝕我們之前，身體都會發出警訊，這些警訊往往因為患者輕視忽略而導致後果不堪設想，輕者少掉一些小器官，重者送上妳那還未敲響過的生命，連後悔都來不及，那為何不在這之前好好保護自己呢？健康就是最大筆的財富啊！對我們這群大學生來說，想要有健康的身體最重要的就是生活作息要正常，夜貓子總有一天會知道他應該按時上床睡覺。

讓看戲成為時尚

（演講者：魏海敏小姐）

華語二　紀雯茹

　　今天的演講相當精采，魏老師在上的即興演出更令人激賞！看戲在現今社會已成為一種時尚，很多的京劇也加入很多創新的元素，給大家不同的觀感，滿足觀眾看戲的享受，除了視覺享受，其他各方面更是令人撼動！欣賞是一件簡單且優美的事，放鬆心情觀賞一齣戲劇，就像魏老師說的，可以培養氣質、增加涵養，是一件輕鬆且愉快的事情。今天經過魏老師的解說再進一步欣賞戲劇，其實有更深刻的體會，更容易進入表演者所營造的氛圍！不論是創新或是傳統的戲劇，都具備一定的內涵，我覺得如果可以再觀賞每一齣戲劇之前都先做一些事前的準備，使自己更快進入戲劇的世界，更能接受到表演者所傳遞的想法，這是很棒的感覺。整個沈浸在戲劇裡，讓戲劇寫歷史。

人、科技文明與自然科技

（演講者：魏麒麟先生）

英美二　闕瑞瑩

　　現今科技的發達對我們人類確實帶來很多的方便，讓我們生活快捷不用浪費太多人力。不過卻使得人類過渡依賴科技，濫用，不顧生態環境漸漸被破壞，也讓人心變的貪得無厭、索求無度、懶惰；科技本應該是帶領人類社會更加進步，沒想到最後沒節制的情況下卻招來毀滅。今天聽演講時，心中有股敬佩的心情油然而生，魏先生堅持自己的理想，傾聽大自然的聲音，尊重各種生物、植物的生命，不但讓大自然健康永續下去，並且創造了經濟價值，這是多美好的事！我們應該要不過渡依賴科技，並且堅持像魏先生的這種理念，讓看來不可能的變成可能，回歸大自然，多多學習與瞭解生態環境，讓我們愛護自己所居住的地方，使它變得更好，我們也能喜歡大自然，擁抱自然，與他們做好朋友！大自然是我們的根本，我們人類在其中是渺小的，甚至要仰賴大自然給我們的恩惠，所以要從自己的心開始做起，種下好的種子，養健康的心田，與自然一起「共生、共榮、共存」。

時鐘與羅盤

（演講者：陳木金教授）

華語二　李惠如

時間如流水般，一天天地流逝，它不會等人，但我們能做的就是把手中的羅盤調整好方向，因為方向對了，努力就會有成果！觀察現今大學生的生活，比從前更多采多姿，視野更廣，接受的刺激也更多、更有能量，也就是說，我們的選擇便多了。現在不再只是如佛羅斯特詩中所講的，森林裡的兩條岔路，而是有很多條路，大的、小的、平穩的、曲折的，簡直錯綜複雜，其實人生就是一直在做選擇，小從今天午餐吃什麼，大至未來的準備方向，老師不會跟你說，那些日常生活小事要怎麼處理，但是自己要確實地過好每一天，不浪費一分一秒，因為這日常生活的點點滴滴，累積起來就成為以後的人生，今日的我是昨日的我所造就的，就是這個意思。但什麼叫做浪費時間呢？不做無益的事就是不浪費時間，不必時刻汲汲營營於鑽研學問，有時放鬆休閒一下，休息，是為了走更長遠的路！我們也不必一定非得有什麼大成就，人生是為自己而活，活的快樂、自在，過的有價值，那就是值得。然而，活著要付出的代價就是工作，工作可以是權力，也是義務，工作是為了求得溫飽，但也可以滿足自我成就，擇己所愛，愛己所擇，我們不在意於薪水是否很高，具高價格，釋放自我熱情，投身奉獻於工作中，在工作中學習自己，相信會有一個更具價值、更喜樂的人生。

戀戀都柏林
── 喬伊斯的愛爾蘭情節
（演講者：莊坤良教授）

英美二　闞瑞瑩

　　今天聽完莊坤良教授的精彩演講，讓我對文學、喬伊斯、愛爾蘭、殖民等的議題有了更多想深入瞭解的動機與興趣。我自己是讀英美文學系的，其實之前一直覺得文學是沈悶無聊的，但現在漸漸發覺，文學其實是我們人生的一大部分，我們可以藉由寫作來表達自我想法與意識，也可藉文學作品來瞭解當地文化、國家以及作者思想。今天教授在介紹的喬伊斯，正是最近課程裡教到的，藉由莊教授的講解感覺更瞭解喬伊斯這位作家。我覺得喬伊斯是有著孔子所說的「大同」之愛的人，由他的作品「理想國度」就可得知。雖然他一直批評愛爾蘭，但我想他是真的有看到了或感覺到了什麼，然後堅持自我，把自己的想法表達出來，讓我開始欣賞他，想好好研讀這位特立獨行的作家。殖民其實有部分是很醜陋的事，喬伊斯勇於寫出想喚醒愛爾蘭人的自我意識，不要再被扭曲了。我覺得我們國家也可以再重視、看重文學一些，讓我們自己的文化更加豐富，也讓其他國家可以更瞭解我們臺灣。

古典音樂原來如此

（演講者：蔡盛通老師）

華語二　紀雯茹

　　音樂不需要理解，只要用心感受，多一點想像，很多人害怕古典樂，深怕自己無法瞭解曲子中所包含的意義，我原本也很排斥古典樂，但我這學期有選修通識課的「樂器欣賞」，開始漸漸可以感受音樂所帶出來的氛圍。古典樂有的可以讓人很放鬆、很享受；有的可以使人震撼、驚心動魄。修課已半學期，我也慢慢喜歡沈浸在古典音樂中，一點一滴體會藉著音樂，作曲者想傳達的意念及意涵，當然這只是很表面的。老師很用心的介紹多種各式各樣不同的音樂，很多DVD的影片好精采，印象很深刻的是，戰爭時一個軍人和小孩，兩人一起彈著廢墟中的鋼琴，畫面中是深刻的對比，也因為一首曲子，吸引了多人圍觀，那種音樂帶來的愉悅，真的是隨時隨地的。音樂是無遠弗屆的，融入生活中，可以無所不在，透過今天老師的講解，更進一步瞭解古典樂，雖然沒辦法很深層，但是「音樂要感受」，我真的可以感受音樂帶來的那種讓人進入另一個世界的美妙感覺！

從臺東出發，向世界邁進
（演講者：布拉瑞陽先生）

英美二　伊珮萱

　　之前媽媽有買過雲門舞集的「水月」，我有看過，但是都看不懂，看了不久，沒什麼耐心，對那時16歲的我來說，只覺得一群穿得很裸露的人，用四肢表達某種我沒辦法感受到的、抽象又藝術的，所以沒看多久，就把DVD拿出來了。布拉瑞陽先生給我們看的第三片蠻有趣的，播放的是百老匯的音樂，有雜耍的特技，印象最深的是三個人搶杯子的戲份，應用身體隨著音樂一截一截的、一段一段的動，搶過來搶過去，而且舞者的表情是豐富的，沈浸在滑稽的氣氛裡。任何舞蹈都是需要有觀眾去欣賞的，編舞者、跳舞者做出來的作品，沒有支持者及經費，他們是做不下去的，因為沒有財力的支持。所以布拉瑞陽先生不僅是告訴我們何謂「現代舞」，感受在心裡留下點什麼，所以，以後有機會去現場看表演，得到的感受是不同的，程度深淺的不同。

國家圖書館出版品預行編目

山歌海舞：通識講座選粹. I / 董恕明主編. -
　-一版. -- 臺東市：臺東大學出版；臺北市
　：秀威資訊發行, 2009.05
　　面；　公分. --（語言文學；ZG0049）
BOD版
ISBN 978-986-01-8142-5（平裝）

1. 通識教育　2. 高等教育　3. 言論集

525.3307　　　　　　　　　　98006147

語言文學類　　ZG0049

山歌海舞 —— 通識講座選粹 I

主　　　　編 / 董恕明
執 行 編 輯 / 藍志成
圖 文 排 版 / 鄭維心
封 面 設 計 / 姚蕙瀠
數 位 轉 譯 / 徐真玉　沈裕閔
圖 書 銷 售 / 林怡君
法 律 顧 問 / 毛國樑　律師
出 版 者 / 國立臺東大學
　　　　　　臺東市西康路二段369號
　　　　　　電話：089-517761
　　　　　　http://www.nttu.edu.tw
印 製 經 銷 / 秀威資訊科技股份有限公司
　　　　　　臺北市內湖區瑞光路583巷25號1樓
　　　　　　電話：02-2657-9211　　傳真：02-2657-9106
　　　　　　E-mail：service@showwe.com.tw

2009 年 5 月　BOD 一版
定價：330 元